France d'antan

Le Théâtre Romantique

par Paul GINISTY

Ancien Directeur de l'Odéon

ÉDITIONS ALBERT MORANCÉ

Victor Hugo.
Peinture par Louis Boulanger
Collection du Musée Victor Hugo

Éditions Pierre Marcault.

VUE DU THÉATRE FRANÇAIS.

Lord Shrewsbury

ALEX. DVMAS.

ALFRED DE VIGNY.

URSAM!

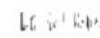

LES ROMAINS ÉCHEVELÉS A LA 1re REPRÉSENTATION D'HERNANI.

Si le drame avait eu six actes, nous tombions tous asphyxiés.

Les Classiques
à la représentation d'Hernani.

La Charge, N°4.
(2me année)

Galerie
des fous contemporains.

Journal Satyrique,
paraissant le Dimanche.

HVGOTH.

Époque tant vantée
Où Victor Hugo seul porte la tête droite,
Et crève le plafond de son nain géant !

Adèle

Ah... ah...

Antony

Cette porte ne s'ouvre... Mon Dieu, mon Dieu [...]

Adèle

[...]

[illegible]

le Colonel

[...]

Antony

Oui, morte... elle me résistait, je l'ai assassinée...

Fac-similé du manuscrit d'Antony

Al. Dumas

COSTUME ESPAGNOL DE...

joué par Mlle Dorval (Rôle de Marion Delorme.)

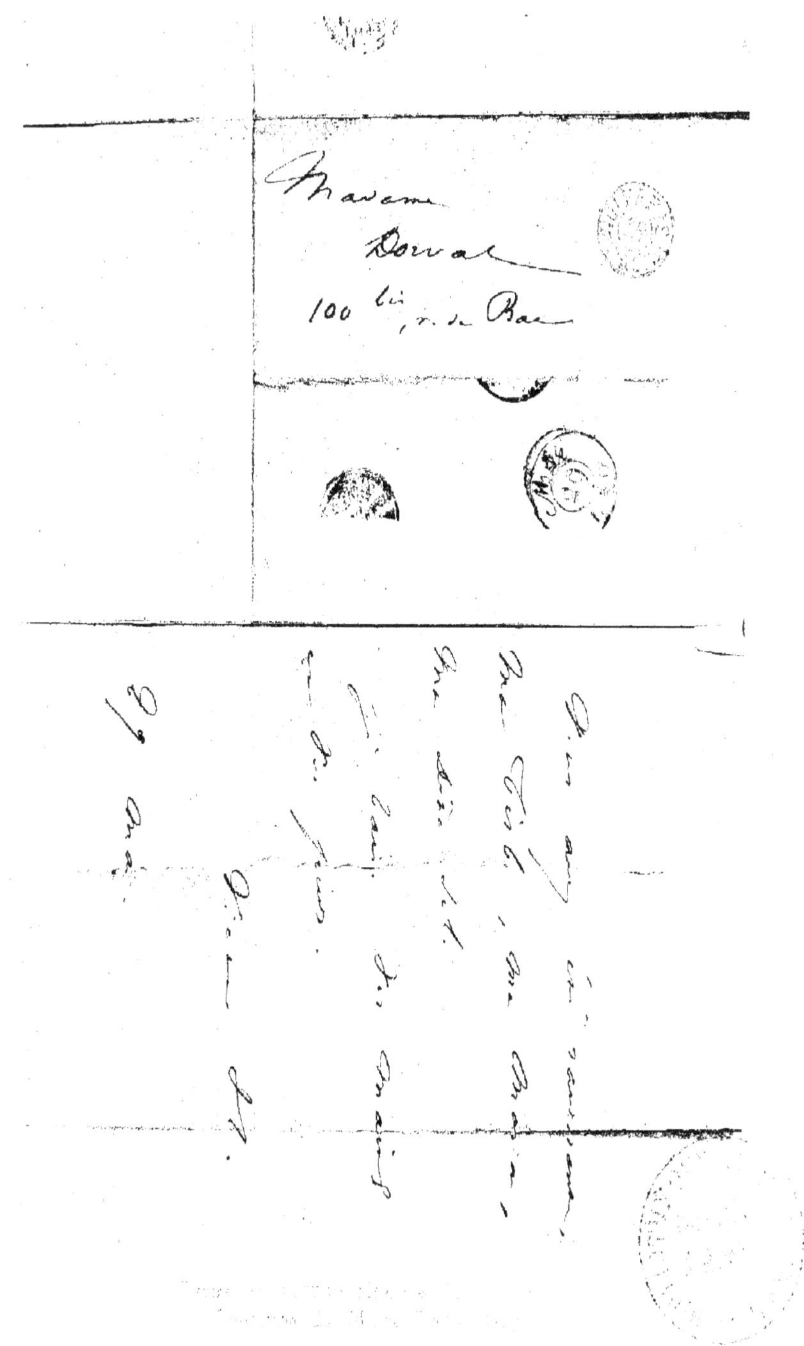

Velours

La Guerre des Servantes. 20
Vastha (2e Costume — 3ème)
Des souliers d'or, faits comme les espadrilles des
servantes — le pied nu.

[illegible]

[illegible] la
[illegible] de [illegible], et
celle du [illegible]
—
on y [illegible] le bout de
[illegible] — [illegible] ce que [illegible]
en [illegible].
—
[illegible] d'[illegible]
[illegible]
[illegible] de la
—
[illegible] noir.
—
[illegible]
Delacroix

Oui! tu me connais!...

LES DEVX ARCHERS

BALLADE

VICTOR HVGO & HIPPOLYTE MONPOV.

BOTTOM
TITANIA
LE SONGE D'UNE NUIT D'ÉTÉ
SHAKSPEARE

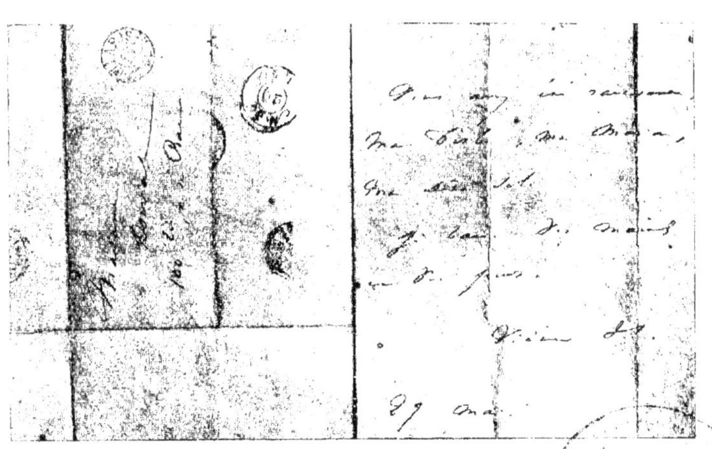

LE
THÉATRE ROMANTIQUE

VOICI un très séduisant ouvrage, et qui n'est pas moins fait pour le profit de l'esprit que pour le plaisir des yeux. M. Paul Ginisty, ancien Directeur de l'Odéon, nous y conte en un style pittoresque et documenté les batailles qui se livrèrent à l'aube de cette grande époque littéraire, pour la conquête de la liberté de l'art. A côté des chefs du mouvement, il a fait revivre les physionomies typiques de l'ardente phalange romantique, et les interprètes de ces drames célèbres qui semblaient des défis aux défenseurs consternés des vieilles règles classiques. Et il a rapporté, en même temps que les manifestes enflammés de la nouvelle école, les diatribes exaspérées et les insidieuses paroles de ses adversaires.

Quarante-six planches, dont six en couleurs, présentées avec autant de goût que de luxe, reproduisent les documents les plus curieux du temps, puisés en bonne partie dans des collections particulières.

Portraits, maquettes de costumes et de décors, autographes précieux, scènes de la fiévreuse vie théâtrale d'alors, tableaux et dessins de maîtres qui partageaient et servaient la foi nouvelle, donnent à cet album un aspect original et inédit, documentaire et attrayant qui le destine à toutes les bibliothèques d'amateurs.

Éditions Albert Morancé

Librairie Centrale
d'Art et d'Architecture

A PARIS, 30 et 32, Rue de Fleurus (6e)

Section Documentaire et Historique

DOCUMENTS ET SOUVENIRS

Le Théâtre Romantique, par Paul Ginisty, ancien Directeur de l'Odéon.

Un album de 46 planches in-4° (18 × 24), en héliotypie, dont 6 en couleurs, sur bristol de Torpes, et de 50 pages de texte sur pur fil Lafuma.

Sous portefeuille de luxe .. .. **50 fr.**
Relié demi-chagrin, montages sur onglets toile.. .. .. **75 fr.**

Le Théâtre de la Rue, du XIIIe siècle à nos jours, par Paul Ginisty.

Un album en préparation.

PARIS ET SON HISTOIRE

Le Vieux Paris, Souvenirs et vieilles demeures, publié sous la Direction de G. Lenôtre.

Cet ouvrage qui suit l'évolution de Paris à travers les âges, tire son charme pénétrant des innombrables souvenirs qu'il rassemble sur le passé incomparable de la capitale française.
L'ouvrage est publié en séries brochées, format in-4" (25 × 32,5), illustrées d'héliotypies dans le texte et hors-texte.
Les séries 1, 2 et 3 sont parues.
La série 4 est sous presse.

Chaque série.. .. .. **50 fr.**
Vélin .. .. **70 fr.**
Japon.. .. .. **150 fr.**

COSTUMES HISTORIQUES

Costumes Européens du XVIIe au XIXe siècle, d'après les aquarelles de Job et d'Hérouard.

Galerie pittoresque des costumes militaires et civils du XVIIe au XIXe siècle reproduits d'après les documents du temps et coloriés à la main.
Un album in-folio de 60 planches (30 × 41) en couleurs, en carton. .. .. **200 fr.**

VOIR AU DOS NOTICE SUR LE THÉÂTRE ROMANTIQUE

France d'antan

LE THÉATRE ROMANTIQUE

OUVRAGE ÉTABLI
PAR LES SOINS DE
ALBERT MORANCÉ
ÉDITEUR, A PARIS
50-52, RUE DE FLEURUS

1780

LIBRAIRIE CENTRALE
D'ART ET D'ARCHITECTURE
ANCIENNE MAISON MOREL
FONDÉE EN 1780

DOCUMENTS & SOUVENIRS

France d'antan

LE
Théâtre
Romantique

par Paul GINISTY

Ancien Directeur de l'Odéon

ÉDITIONS ALBERT MORANCÉ

Le Théâtre Romantique

I

LE ROMANTISME

OUT porte à croire que nous sommes à la veille d'une
« révolution en poésie, écrit en 1823, Stendhal, bon
« prophète. Jusqu'au jour du succès, nous autres, défen-
« seurs du genre romantique, nous serons accablés
« d'injures. Enfin, ce grand jour arrivera ; la jeunesse
« française se réveillera... »

Et Stendhal, dans le dialogue où il mettait en scène
un classique et un romantique, se faisait le théoricien
de ce qu'il appelait aussi le « romanticisme »·

Combien de définitions, sous une forme concise, ont été tentées de ce grand
mouvement, qui était bien, en effet, une révolution ! Le romantisme, c'est la
liberté de l'art — c'est l'opposé de l'esprit de convention — c'est le droit de
s'exprimer conquis par la sensibilité et l'imagination — c'est le lyrisme —
c'est l'expansion de la personnalité — c'est l'imprégnation de notre littérature
par les littératures étrangères. Et d'autres formules encore, qui sont impuis-
santes à ramasser en quelques mots les caractéristiques de ce soulèvement
littéraire.

En 1836, après des victoires romantiques, un romantique, mais un romantique se plaisant à railler, Alfred de Musset, cherchait, dans ses *Lettres de
Dupuis et Cotonet*, une définition complète du romantisme, et, en souriant,
prêtait au clerc d'avoué bel esprit, consulté par les deux bourgeois de
La Ferté-sous-Jouarre, une bouffonne tirade, qui était la parodie des excès
de l'Ecole. Se piquant d'indépendance, relevant malicieusement les outrances
de ceux qui renchérissaient sur leurs chefs de file, l'auteur de la *Coupe et les
Lèvres* tirait sur des troupes amies.

Dira-t-on, simplement, que la période du romantisme fut un temps d'enthousiasme, où se manifesta ardemment, par réaction contre les pâles imitateurs des classiques, un besoin d'indépendance et de nouveauté, et où, par ce fait même, se mêlèrent bien des idées, qui subirent bien des modifications. « Les générations actuelles, a dit Théophile Gautier, doivent se figurer difficilement l'effervescence des esprits à cette époque. Il s'opérait un mouvement pareil à celui de la Renaissance. Une sève de vie nouvelle circulait impétueusement. Tout germait, tout bourgeonnait, tout éclatait à la fois ; l'air grisait ; on était fou de lyrisme et d'art. Il semblait qu'on vînt de retrouver le grand secret perdu ; et cela était vrai : on avait retrouvé la poésie perdue. »

Si le romantisme eut son explosion, il ne naquit pas, cependant, tout d'une pièce. Il se forma, peu à peu, d'éléments divers, du sentiment de la nature de Rousseau, de la hautaine mélancolie de Chateaubriand, de la rêverie allemande en quelque sorte révélée par Mme de Staël, qui en s'inspirant des idées de Schlegel, lança ce qualificatif appelé à faire tant de bruit : l'art *romantique*. Il se forma du culte nouveau de Shakespeare, du pittoresque de Walter Scott, des révoltes de lord Byron, et, en même temps, d'un goût prononcé pour l'histoire et l'archéologie, d'une curiosité pour ce qui était dédaigné ou oublié ; et, s'il prit couleur d'une insurrection pour l'affranchissement de la pensée et de la forme, c'est que la poésie était tombée dans un état de froideur, de fadeur, d'impuissance, où l'observation des règles étroites et l'habitude d'une déclamation usée primaient le sentiment et la vie. Ceux-là qui se réclamaient des grands classiques les trahissaient, en ne leur empruntant que des formules.

Le romantisme fut entraîné à une sorte de grossissement et à de constantes exagérations, mais il restituait dans la littérature la passion et la flamme. Il fut un libérateur.

Au demeurant, ce mouvement d'émancipation se produisait dans tous les arts, et, parallèlement aux poètes, les Géricault, les Delacroix, les Boulanger, les Ary Scheffer apparaissaient nourris des idées nouvelles ou inspirés par Gœthe, Shakespeare et Byron. La sculpture avait, avec Rude, David d'Angers, Barye, la même évolution.

On sait ce que fut le Cénacle de 1824, où se réunissaient chez Charles Nodier, dans un salon de l'Arsenal, mêlés à des aînés moins ardents qu'eux, mais amis des novateurs, quelques-uns des jeunes hommes qui devaient être les gloires du romantisme. Nodier, qui fut un peu oublié au moment des victoires romantiques, fut un précurseur, mais avec simplicité et, pour ainsi dire, avec bonhomie. En fait, il s'était plu, avant ses hôtes, à des explorations dans toutes les avenues du romantisme. Le salon rival, citadelle des classiques, était celui de M. de Jouy, l' « ermite de la chaussée d'Antin ». On y lançait des imprécations contre les « saturnales du romantisme ». Puis, les grandes batailles décisives étant sur le point de s'engager, c'est le Cénacle de 1829, évoqué par Sainte-Beuve :

> Fraternité des arts, union fortunée
> Vous dont le souvenir, même après mainte année
> Charmera le vieillard !
>
> ... Ils étaient bons et grands. L'amère jalousie
> Jamais chez eux n'arma le miel de poésie
> De son grêle aiguillon...

La vie devait d'ailleurs donner quelque ironie à cette célébration, par Sainte-Beuve, de la belle et pure amitié...

II

AVANT LA PRÉFACE DE CROMWELL

Mais cette esquisse n'aborde que le théâtre romantique. C'est le théâtre, il est vrai, qui fut le champ de bataille du romantisme ; c'est au théâtre qu'il planta son drapeau, en enlevant cette Bastille qu'était la tragédie dégénérée.

Dès 1810, Mme de Staël avait estimé trop rigide le cadre de la tragédie : « Rien dans la vie ne doit être embryonnaire, écrivait-elle, et l'art est pétrifié quand il ne change plus... Vingt ans de révolution ont donné à l'imagination d'autres besoins... Il faut permettre plus de hardiesse... Pour peindre les caractères, il faut nécessairement s'écarter du ton majestueux exclusivement admis dans la tragédie française, car il est impossible de faire connaître les défauts et les qualités d'un homme, si ce n'est en le présentant sous divers rapports... Les règles ne sont que l'itinéraire du génie : elles nous apprennent seulement que Corneille, Racine et Voltaire ont passé par là. Mais si l'on arrive au but, pourquoi chicaner sur la route, et le but n'est-il pas d'émouvoir l'âme en l'ennoblissant ? » Benjamin Constant agita des idées analogues dans la préface de son imitation du *Wallenstein* de Schiller ; mais, par une singulière contradiction, les cinq actes dans lesquels il enfermait la trilogie du poète allemand ne tenaient aucun compte des déclarations de la préface.

Stendhal, dans *Racine et Shakespeare*, combattait en une discussion serrée les règles des unités, entraves de l'inspiration. Pourquoi, demandait-il aux

classiques, exigez-vous que l'action, dans une tragédie, ne dure pas plus de
vingt-quatre heures, et que le lieu de la scène ne change pas ? Le spectateur, assis dans sa loge pendant deux heures, se figure-t-il, pendant la
représentation d'une tragédie, qu'il s'est passé vingt-quatre heures ? — Mais
Racine ? lui répondait-on. — « Racine est un de ces génies immortels dont
on ne verra peut-être pas des égaux d'ici huit ou dix siècles. Qui même a
jamais osé concevoir la folle espérance d'égaler ces grands hommes ? Ils
s'élançaient dans la carrière chargés de fers et ils les portaient avec tant
de grâce que des pédants sont parvenus à persuader aux Français que de
pesantes chaînes sont un ornement indispensable dès qu'il s'agit de courir. »

En face des classiques purs, comme Auger, auquel Stendhal ripostait spiri-
tuellement, en face des auteurs de pâles tragédies, qui défendaient naturel-
lement leur œuvre contre les conceptions des novateurs, versant le trouble
dans leur quiétude, certains esprits sentaient le poids des traditions. Si
l'audace leur manquait pour s'en affranchir, ils tentaient une sorte de com-
promis entre la forme à laquelle ils restaient attachés et les aspirations
qui se fortifiaient autour d'eux. C'étaient les « mitigés ». Ils avaient lu
les écrivains étrangers dont s'engouaient les premiers fervents du romantisme, s'ils demeuraient timides dans le parti qu'ils en tiraient, et s'ils ne
bravaient pas les préjugés du public. Tel fut Alexandre Soumet qui avait
connu le grand succès avec sa tragédie de *Clytemnestre* : il y avait un effort
de curiosité de sa part à s'inspirer de Schiller et de Walter Scott, que
« découvraient » les apologistes d'un théâtre plus libre et de la couleur historique. Mais avec quelle réserve il suivit ses modèles ! Tel fut Pierre Lebrun,
qui, lui aussi, avec sa *Marie-Stuart* songea à Schiller et, avec son *Cid d'Anda-
lousie*, tenta d'emprunter quelque véhémence à Lope de Vega, bientôt effrayé
lui-même de sa témérité. Alexandre Guiraud se sentait l'âme d'un novateur,
se déclarait séduit « par l'ampleur de formes et le ton de vérité dans l'expression naturelle, si opposé à la fausseté de notre expression théâtrale » des
drames de la scène allemande ou anglaise, et, pour être joué, se conformait,
toutefois, aux usages reçus. Il n'était révolutionnaire en littérature que de
désir.

L'esprit nouveau soufflait, cependant. La traduction de Shakespeare par
Guizot avait été lue avec passion. « Attila-Shakespeare », disaient rageusement
les classiques. Il y eut un jour, à la Sorbonne, un événement qui parut consi-
dérable. Villemain professait un cours de littérature française : c'était un
esprit modéré, qui avait attesté son respect et son admiration pour les
maîtres de la tragédie. Il parlait, cette fois-là, de la *Mort de César*, de
Voltaire. Il loua l'œuvre, et les adversaires du mouvement romantique se
pâmaient d'aise. Mais, étendant la main, comme pour réclamer le silence,
Villemain, avec un demi-sourire se tourna vers le groupe qui venait de
l'applaudir.

« Prenez garde, messieurs, dit-il, ce que vous applaudissez dans les vers de Voltaire, ce n'est pas le génie seul de Voltaire, car le passage que je viens de lire est imité de Shakespeare » (1).

Ce fut comme un coup de théâtre. Et Villemain opposa à la *Mort de César* le *Jules César* de Shakespeare. Il montra comment Voltaire n'avait cherché dans le fait historique que le développement d'un fait dramatique, alors que Shakespeare avait dessiné un grand tableau d'histoire, avait peint des caractères. Pour la première fois, Shakespeare était glorifié en Sorbonne. Le camp romantique acclama le professeur ayant osé rendre hommage au poète qui était encore, pour tant de gens, « un barbare et un fou ». La nouvelle se répandit comme une traînée de poudre, et ce fut une manière d'émeute, embarrassant fort Villemain. Les partisans de la nouvelle école faillirent en venir aux mains avec ceux qui restaient obstinément classiques, alors même qu'ils avaient, en politique, des opinions libérales. Particularité assez curieuse, en effet. Ceux qui représentaient l'opposition, avec quelque vigueur qu'ils soutinssent la lutte contre un régime d'oppression, étaient, en général, peu favorables à ce mouvement d'émancipation de la littérature.

Frédéric Soulié qui, à ses débuts, fut ou se crut un romantique fervent, s'avisa d'écrire une adaptation de *Roméo et Juliette*, adaptation manquant encore de hardiesse et d'une langue poétique assez pénible. Ce ne fut pas sa faute si la pièce ne fut représentée qu'en 1828, à l'Odéon.

L'année précédente, l'enthousiasme pour Shakespeare avait eu son débordement. Des comédiens anglais étaient venus donner des représentations à l'Odéon, en dépit de l'accueil hostile qu'avaient reçu leurs prédécesseurs en 1822 (Pl. 4). Mais, à cette époque, la guerre aux Anglais était un des thèmes populaires de l'opposition. La troupe conduite par Penley, directeur des théâtres de Windsor et de Brighton, s'était trouvée, à la Porte Saint-Martin (Pl. 3), en face d'une cabale qui, comme on l'a dit, s'était juré de prendre sur ces infortunés acteurs la revanche de Waterloo. On ne les avait pas laissé parler, on les avait hués, férocement, et le véhément Martainville, le journaliste ultra-royaliste du *Drapeau blanc*, avait déchaîné toutes les colères en prenant leur défense.

En 1827, malgré le peu de temps écoulé, les circonstances étaient, au contraire, favorables à ces représentations. L'opposition n'était plus anglophobe : elle ne cessait de comparer au système compressif du gouvernement français le libéralisme britannique. Puis Shakespeare, auprès de la jeunesse littéraire, était en train de passer dieu. Il le devint tout à fait à l'Odéon, puis au Théâtre-Italien (Pl. 36), où se continuèrent les représentations données par Charles Kemble, Kean, Macready, miss Smithson, dont Berlioz devait s'éprendre furieusement. On a l'écho de l'enthousiasme qu'ils déterminèrent

(1) Legouvé, *Soixante ans de souvenirs* : Deux secrétaires perpétuels.

par les impressions de quelques-uns des spectateurs devenus illustres. « Les
conséquences de cette innovation sont incalculables », notait Delacroix.
— « C'est donc là ce que je cherchais, ce qui me manquait, qui me devait
venir, s'écriait Alexandre Dumas, et il ajoutait lyriquement : « O Shakespeare,
merci, ô Kemble et Smithson, merci ; merci ô mon Dieu, ô mes anges de
poésie ! » — « La fièvre de Shakespeare était dans l'air », a dit Emile Deschamps. Quant à Berlioz, qui avait reçu le coup de foudre en voyant miss
Smithson dans Ophélie, il délirait : « L'effet de son génie dramatique sur
mon imagination n'est comparable qu'au bouleversement que me fit subir le
poète dont elle était l'interprète... Shakespeare, en tombant sur moi à l'im-
proviste, me foudroya. Son éclair, en m'ouvrant le ciel de l'art avec un
fracas sublime, m'en illumina les plus lointaines profondeurs. Je reconnus la
vraie grandeur, la vraie beauté, la vraie vérité dramatique. Je vis, je compris,
je sentis que j'étais vivant et qu'il fallait me lever et marcher. »

On sait ce que fut l'orageuse passion de Berlioz pour miss Smithson (Pl. 5),
d'abord indifférente, puis effrayée de cette fougue, ce roman de six années
aboutissant à un mariage, bientôt suivi d'un désenchantement. Cette passion
s'était usée dans l'attente. L'actrice admirable de 1827, unanimement louée
et fêtée, avait perdu de son prestige ; sa beauté avait été éprouvée à la suite
d'un accident. A sa froideur avait succédé, cependant, une sorte d'emportement, impliquant des crises de jalousie, de plus en plus violentes. Berlioz se
sépara de sa femme, et ce fut le dénouement de cette grande aventure de
cœur. La divine Ophélie prit, dit-on, des habitudes d'intempérance. Puis,
impotente, clouée sur son lit, son existence ne fut plus qu'une lente agonie.

C'est au lendemain de ces représentations anglaises qui avaient eu, par
tous les commentaires dépassant l'événement théâtral, tant de retentissement,
que parut le manifeste de l'école romantique : la préface de *Cromwell*.

III

HENRI III ET SA COUR

Ce monument d'une époque littéraire, s'il évoquait des idées déjà émises,
les consacrait, leur donnait une formule définitive aux yeux de ceux qui
attendaient ce Livre saint de la foi nouvelle : « Jetons bas ce vieux plâtrage
qui masque la façade de l'art, écrivait Hugo (Pl. 1) ; il n'y a d'autres règles que

les lois générales de la nature, qui planent sur l'art tout entier, et les lois spéciales qui, pour chaque composition, résultent des conditions d'existence propres à chaque sujet. » A la tragédie ampoulée, pompeuse, décrépite, faite « d'idées d'emprunt vêtues d'images de pacotille », telle que la concevaient ceux qui représentaient la dernière ramification du vieux tronc classique, il opposait le Drame, imprégné de la couleur du temps de son action, « illuminant à la fois l'extérieur et l'intérieur des hommes ». La préface faisait dédaigneusement le procès des unités. Elle réclamait le vers « libre, franc, loyal, osant tout dire sans pruderie, passant d'une naturelle allure du sublime au grotesque ». Elle revendiquait les droits de ce grotesque, qui était censé offenser le bon goût. « Tout démontre, à l'époque dite romantique, son alliance intime et créatrice avec le beau. » Le grotesque pouvant être une des suprêmes beautés du drame. « La division du beau et du laid dans l'art ne symétrise pas avec celle de la nature. Rien n'est beau ou laid dans les arts que par l'exécution. Une chose difforme, horrible, hideuse, transportée avec vérité et poésie dans le domaine de l'art, deviendra belle, admirable, sans rien perdre de sa monstruosité... »

L'effet de la préface dépassa celui du drame, qui n'était pas destiné, par ses trop vastes proportions, à la scène. Cette préface, demeurée célèbre dans l'histoire littéraire, fut l'objet de discussions passionnées. Mais les romantiques avaient dès lors leur dogme.

Le poète qui devait un peu plus tard faire retentir la scène française du coup de tonnerre d'*Hernani*, allait tenter, cependant, une première expérience dramatique peu heureuse avec *Amy Robsart*, le drame en prose qu'il avait tiré du roman de Walter Scott (Pl. 6) — déjà exploité au théâtre, *Le Château de Kenilworth*. La pièce, qui mêlait au tragique le bouffon par le personnage du Flibbertigibet, fut donnée sous le nom du beau-frère de Victor-Hugo, Paul Foucher. Elle n'eut qu'une représentation. Mais quelle revanche était prochaine !

C'était dans la génération nouvelle, un frémissement d'attente, un besoin d'émotion et de curiosité. L'écrivain qui offrit l'occasion d'une explosion de joie, « comme si un nouveau monde eût été découvert », selon l'expression d'Hippolyte Lucas, c'était un jeune homme de vingt-cinq ans, employé au secrétariat du duc d'Orléans, Alexandre Dumas (Pl. 7), donnant à la Comédie-Française son drame, *Henri III et sa cour*.

Dans ses Mémoires, si amusants par leur débordement de vie, Alexandre Dumas a conté l'histoire de son drame, qui remplaçait sa *Christine à Fontainebleau*, reçue à la Comédie après qu'il fut parvenu à lire, une première fois, sa pièce au baron Taylor, pendant que le commissaire royal prenait son bain. Dumas, à qui cette réception avait donné tous les espoirs, d'une réalisation immédiate, n'en fut pas moins obligé de céder son tour — et à une autre

Christine, d'un M. Brault, protégé par le duc Decazes, et qui devait être interprétée par l'amie d'un rédacteur du *Constitutionnel*, alors tout puissant. Fort dépité, mais non découragé, le jeune auteur auquel on imposait un retard aussi préjudiciable s'attaqua à un autre sujet dont l'idée lui était venue en feuilletant par hasard un volume de l'*Histoire de France* d'Anquetil. Il composa, en prose, cette fois, son nouveau drame, en deux mois, en s'abandonnant à son fougueux tempérament. Il en fit la lecture, tout d'abord, à des « oseurs », comme il a dit, à de jeunes écrivains qui étaient alors des champions du romantisme, Nestor Roqueplan (Pl. 35), Alphonse Royer, Alphonse Karr, Louis Desnoyers, le poète Dovalle.

A la Comédie-Française, où on devait une compensation à l'auteur évincé de *Christine*, le drame, reçu le 17 septembre 1828, fut représenté le 11 février 1829.

Cette couleur historique, ce pittoresque que Dumas avait voulu, d'autres l'avaient cherché déjà dans des scènes dialoguées, les *Soirées de Neuilly*, de Cavé et Dittmer ou les *Etats de Blois*, de Vitet. Et Mérimée, qui ne se moquait pas encore des romantiques, qui avait même composé, lui aussi, un *Cromwell*, perdu, même de son vivant, avait chargé sa palette de tons violents dans son *Théâtre de Clara Gazul*.

Mais c'était la première épreuve véritable à la scène d'une œuvre où la hardiesse des effets se mêlait au goût des choses historiques. C'était à la Comédie-Française que se livrait cette bataille. Pour cette soirée fameuse, c'est aux *Mémoires* de Dumas qu'il faut renvoyer : elle y est contée avec un entrain qui n'est pas gâté par l'outrance, chose assez rare chez le bon grand homme, et avec des particularités familières qui permettent de suivre les phases de la représentation. Le public fut entraîné dans un tourbillon, sans avoir le temps de se reconnaître. Il prit volontiers pour une peinture d'époque une accumulation de détails superficiellement plaqués ; il ne s'avisa pas des emprunts directs faits à Schiller ou à Walter Scott dans des scènes capitales transportées en un autre milieu. Il subit le charme fait des dons les plus manifestes de ce qui caractérise l'auteur dramatique. Il fut ravi par l'attirail des sarbacanes, des bilboquets, des pourpoints tailladés, par la sorcellerie de Come Ruggieri ; il partagea la passion du bouillant Saint-Mégrin pour la duchesse de Guise ; il frémit en voyant le duc de Guise meurtrir le bras de sa femme de son gantelet de fer pour la forcer à écrire la lettre qui va perdre son amant. Le succès fut étourdissant. « A compter du troisième acte, dit Alphonse Royer, un des spectateurs de cette représentation mémorable, c'était dans la salle un délire, une frénésie... Le 11 février 1829 vit ainsi planter par un jeune mulâtre en rupture de bureaucratie, le drapeau révolutionnaire du romantisme... » Dumas, entre le quatrième et le cinquième acte, vint dans la salle, il était rayonnant. « Sa chevelure ébourriffée menaçait de prendre feu aux étoiles, tant il portait le front haut. » Du jour au lendemain, il avait conquis la grande notoriété, et les enthousiastes voyaient en lui le briseur des idoles classiques. C'est après cette soirée de *Henri III*, qu'un romantique jusqu'à la fureur, nommé Gentil, poussa l'exclamation célèbre : — Décidément, Racine n'est qu'un polisson ! (1)

Sans aller jusqu'à ce ridicule, la jeune renommée d'Alexandre Dumas fut célébrée par les journaux qui soutenaient les idées nouvelles. Sainte-Beuve faisait, cependant, cette restriction que le triomphe même de ce drame en prose « ne tranchait pas la question » de la lutte entre deux écoles. Il démêlait dans la pièce des artifices qui étaient surtout ceux d'un homme de théâtre instinctif et il y trouvait une sorte de négligé. Il voulait attendre une œuvre plus significative encore, par sa forme littéraire.

Les interprètes de *Henri III et sa cour* avaient été Michelot (Henri III), Joanny (duc de Guise), Firmin (Saint-Mégrin), Samson (Joyeuse), Saint-Aulaire (Ruggieri), Mlle Mars (duchesse de Guise), Mlle Leverd (Catherine de Médicis), Mlle Despréaux (le page Arthur). La distribution ne s'était pas établie sans que Mlle Mars fît quelque opposition à l'interprétation souhaitée par l'auteur. « C'était, a écrit Dumas, le commencement d'une lutte qui, malgré notre bonne amitié, se prolongea, de sujet en sujet, jusqu'à la mort de cette admirable artiste. » (Pl. 8).

On dira plus loin comment le succès de *Henri III* souleva l'indignation des classiques qui, en cette occasion, prêtèrent le flanc à de justes railleries. Mais la victoire remportée faillit ne pas avoir de lendemain. Les représentations étaient suspendues par ordre du Ministère de l'Intérieur. Le baron Taylor, cependant, avait fait demander d'urgence une audience au ministre, M. de Martignac, pour Alexandre Dumas qui défendit sa pièce avec une verveuse éloquence contre de malveillantes insinuations, et revint au théâtre avec l'autorisation de jouer.

IV

LE MANIFESTE D'OTHELLO

Les romantiques avaient « découvert » Shakespeare, le Shakespeare non émondé par Ducis. Henri Heine raillait même un peu leur enthousiasme pour ce qu'il avait de subit. « Ils arrachent pour ainsi dire désespérément, écrivait-il, leurs vêtements conventionnels ». Le 24 octobre 1829, au Théâtre-

------

(1) *Mémoires d'Alex. Dumas.* Tome V, p. 144.

Français, Alfred de Vigny (Pl. 9) livrait sa première bataille poétique avec sa traduction en vers d'*Othello*, jouée par Mlle Mars et par Joanny. C'était quatre mois avant *Hernani*.

Avant d'aborder la scène, Alfred de Vigny avait donné les *Poèmes antiques et modernes*, *Moïse*, *Éloa*. Il avait fait partie du cénacle de Nodier ; il se rencontrait chez Victor Hugo avec Sainte-Beuve, Émile et Antony Deschamps, Musset, Louis Boulanger, les Deveria, Eugène Delacroix, David d'Angers. Il différait assez, cependant, de ceux qui formaient le groupe romantique : il différait d'eux par sa réserve habituelle et par son éloignement pour « le luxe outré de leur palette », mais c'était alors le temps d'une fraternelle émulation et des grandes amitiés que la vie devait rompre, parfois totalement. On sait ce qu'il advint des affectueuses relations d'Hugo et de Vigny : séparés l'un de l'autre par des dissentiments profonds, ils ne se réconcilièrent jamais.

Alfred de Vigny avait rêvé la gloire militaire : il arrivait trop tard, entrant au service aux débuts de la Restauration. L'expédition d'Espagne, en 1823, semblait lui offrir une occasion de se dépenser comme il le souhaitait. Il eut l'amertume de voir son régiment demeurer en réserve, à la frontière. En 1827, il avait donné sa démission. « J'étais déplacé dans l'armée, a-t-il écrit à Brizeux ; j'avais tous mes poèmes dans ma tête ; ils marchaient avec moi, par la pluie, de Strasbourg à Bordeaux, de Dieppe à Nemours et à Paris, et quand on s'arrêtait, j'écrivais... »

Alexandre Dumas a tracé de lui un portrait expressif, mais d'une verve un peu grosse, en parlant de son « immatérialité. » Le portrait dessiné par Lamartine est d'une touche plus délicate, d'un crayon volontiers idéaliste : « Du plus loin qu'on l'apercevait, on le remarquait à l'élégance aristocratique de son allure, à la noblesse sans affectation de ses attitudes, au goût et au style de sa toilette. Des cheveux fins et blonds, rejetés en arrière suivant la mode et que leur souplesse naturelle ondulait autour des tempes ; un nez droit et mince, des yeux d'un bleu de mer, toujours perdus en songe, un teint d'une pureté presque virginale et des lèvres d'un dessin exquis donnaient à sa physionomie pensive et souriante quelque chose de la pudeur, de la grâce et de l'abandon de la femme. »

Auguste Barbier a noté sa première rencontre avec Alfred de Vigny, chez Victor Hugo, rue Notre-Dame-des-Champs, et le contraste que présentait « ce gentleman d'une tenue parfaite, en habit noir, cravate noire et gilet blanc, avec les Jeune-France barbus et chevelus. »

Au moment où Alfred de Vigny, grâce au baron Taylor, ami des novateurs, était accueilli à la Comédie-Française, y précédant Hugo, dont la *Marion de Lorme* s'était heurtée à l'opposition de la censure, le poète était déjà aux premiers rangs de l'école romantique. La représentation d'*Othello* faisait d'avance grand bruit. Alfred de Vigny a dit pourquoi il s'était appuyé sur Shakespeare pour présenter une tragédie produisant dans sa conception un large tableau de la vie, au lieu du tableau resserré de la catastrophe d'une intrigue ; dans sa composition, des caractères non des rôles ; dans son exécution un style familier, comique, tragique et parfois épique.

« Une œuvre nouvelle prouverait seulement que j'ai inventé une tragédie
« bonne ou mauvaise, mais des contestations s'élèveraient infailliblement,
« pour savoir si elle est un exemple satisfaisant du système à établir, et ces
« contestations seraient interminables pour nous, ce seul arbitre étant la
« postérité. Or, la postérité a prononcé sur la mort de Shakespeare des
« paroles qui font le grand homme : donc, une de ses œuvres faites dans le
« système auquel j'ai foi est le seul exemple suffisant. »

A la vérité, c'était bien, alors, une bataille que cette représentation : Shakespeare n'y était plus édulcoré et trahi. Les classiques voyaient là, avec l'exagération qui dans les deux camps, caractérisait la lutte, un défi à Racine, à Corneille et à Voltaire. » Cette soirée devait être pour eux le combat « entre les sifflets de la vieille France et les bravos de la France nouvelle. »

Ce furent les bravos qui eurent l'avantage, malgré les protestations que souleva le mot « mouchoir », plusieurs fois répété, ce mot devant lequel le bon Ducis avait reculé, le remplaçant par des mots plus « nobles » ; malgré le « A bas, prostituée ! » d'Othello ; malgré le piétinement des unités par les changements du lieu des scènes qui se déroulaient. Ce ne pouvait être, chez les romantiques, l'enthousiasme qui allait bientôt éclater à la représentation d'*Hernani*. Mais une brèche avait été faite dans la vieille citadelle classique, et, si une partie du public s'était trouvée déroutée par ces audaces, d'autres spectateurs ne s'étaient pas montrés rebelles à ces innovations, prêts à accepter au moins quelques points de cette rénovation poétique et dramatique.

L'heure était aux manifestes. Quelques jours après la première représentation d'*Othello*, Alfred de Vigny donnait le sien, dans sa *Lettre à lord* [***], expliquant comment il lui avait paru nécessaire de « refaire l'instrument et de l'essayer en public, avant de jouer un air de son invention, louant le public d'avoir fait reculer la Routine « chose contraire à l'Art, parce qu'il vit de mouvement », exposant, avec cette fierté et cette noblesse qui lui étaient propres, les moyens dont devait se servir le poète dramatique. « Il prendra dans sa large main beaucoup de temps et y fera mouvoir des existences entières ; il créera l'homme non comme *espèce* mais comme *individu*, seul moyen d'intéresser à l'humanité ; il laissera ses créatures vivre de leur propre vie, et jettera seulement dans leur cœur ces germes de passion par où se préparent les grands événements ; puis, lorsque l'heure sera venue, et seulement alors, il montrera la destinée enveloppant ses victimes dans des nœuds inextricables et multipliés... » Alfred de Vigny fonçait aussi, dans une note de spirituelle ironie qu'il dédaigna depuis, sur ses adversaires, esclaves d'une politesse bannissant les caractères vrais, employant un style dont chaque mot est un anachronisme, ayant horreur du naturel, et il se moquait de leurs pruderies, en affirmant que le temps qui venait était un temps de renaissance et de réhabilitation.

V

LA BATAILLE D'HERNANI

C'est l'ordre chronologique qui est ici suivi dans l'évocation des trois grandes premières grandes soirées du théâtre romantique. Et voici la date particulièrement mémorable, celle du 25 février 1830, la première représentation d'*Hernani*, le drame écrit après *Marion de Lorme*, dont on a dit l'interdiction.

Cette fois, c'était le chef de l'Ecole romantique qui donnait de sa personne ; cette fois, la bataille devait être décisive ; la victoire c'était la victoire du parti tout entier ; sa chute c'eût été son effondrement ; aussi était-ce une vraie mobilisation des forces adverses, qui allaient lutter, pour ainsi dire, pour chaque vers. Les romantiques devaient apporter d'autant plus d'ardeur dans le combat que l'œuvre avait été attaquée furieusement avant qu'elle vît les feux de la rampe, que toutes les manœuvres, même déloyales, avaient été employées contre elle, que les membres de la Censure, ne se bornant pas à exiger des suppressions, avaient commis des indiscrétions tôt exploitées par le camp ennemi. « Un tragique, dit Alphonse Royer, fut surpris un jour, caché dans l'ombre d'une baignoire pendant une répétition. Des figures errantes écoutaient aux lucarnes des corridors pour rapporter en ville les expressions excentriques ; on assiégeait les acteurs pour leur arracher des bribes de leurs rôles, dont on allait faire des gorges chaudes dans les cafés. Les académiciens retrouvaient leurs jambes de vingt ans pour courir les antichambres ministérielles et s'aller pendre aux sonnettes des journalistes. Le vaudeville parodiait d'avance, dans la *Revue de l'année* la scène des portraits, et Ruy Gomez était représenté par un montreur d'ours... »

Mais les interprètes eux-mêmes, influencés par ces intrigues, perdaient confiance et se décourageaient. Plusieurs d'entre eux étaient déjà hostiles au mouvement romantique. Les incidents des répétitions, les démêlés de l'auteur avec Mlle Mars, stupéfaite et révoltée de ce qu'elle avait à dire, ont été longuement rapportés dans *Victor Hugo raconté par un témoin de sa vie.*

Cette histoire de la première d'*Hernani* a été tant de fois faite qu'il est difficile d'y apporter un élément nouveau. Il faut se reporter aux souvenirs des témoins des orages de cette soirée fameuse dans les annales du théâtre, à Alexandre Dumas, à Théophile Gautier, surtout, un des plus ardents combattants de la phalange romantique, qui en avait gardé l'émotion toute sa vie, et qui, dans un de ses derniers feuilletons, en parlait encore d'une façon vibrante. « C'était un beau temps que celui-là, un temps de lutte, de passion, d'enivrement et de fanatisme. Jamais la querelle littéraire ne fut débattue plus vivement.... Nous allions là, tous fous de poésie, d'amour de l'art, fanatiques comme des Turcs et prêts à tout faire pour notre Mahomet ! » C'est Théophile Gautier (car le récit de Jules Janin est, selon l'habitude du critique des *Débats*, d'une prolixité paraissant déconcertante aujourd'hui) qui a peint le tableau le plus riche en couleur de cette salle houleuse, où, munis du carré de papier rouge avec le mot de passe « Hierro », les jeunes romantiques avaient pénétré dès trois heures de l'après-midi, prenant déjà position, affirmant leur résolution de faire triompher le drapeau sous lequel ils s'étaient enrôlés par leurs attitudes et aussi, pour braver leurs adversaires, par leurs costumes excentriques. Le gilet rouge de Théophile Gautier est resté célèbre : il n'était d'ailleurs pas rouge, malgré la légende, mais rose, taillé en forme de pourpoint moyen âge.

Gautier devait, plus tard, relever le mot d'Alphonse Royer, autre spectateur de la première d'*Hernani,* parlant de la « bande de truands » qui avait envahi le parterre. Le mot lui était échappé comme une image expressive. — Non, écrivit le poète, qui avait été, le 25 février 1830, un des organisateurs de la victoire, ce n'étaient pas les Huns d'Attila qui campaient au Théâtre-Français, farouches, malpropres, hérissés, mais les champions de l'idée, les chevaliers de l'avenir, les défenseurs de l'art libre ! Et ils étaient beaux et jeunes ! « S'ils avaient des cheveux, c'est qu'on ne peut naître avec des perruques, et leurs cheveux retombaient en boucles souples et brillantes, car ils étaient bien peignés. Si quelques-uns portaient la barbe, c'est qu'elle seyait bien à leurs têtes spirituelles, hardies et fières, que les maîtres de la Renaissance eussent aimé à prendre pour modèles. »

Ces beaux jeunes gens n'en étaient pas moins tumultueux, et la longue attente faisait monter leur excitation qui se traduisait en imprécations contre les classiques. Quand le public entra — tous les grands noms, toutes les beautés, tous les pouvoirs, dit Janin — ils acclamèrent ou sifflèrent ceux qui arrivaient, selon qu'ils étaient reconnus sympathiques ou hostiles aux idées émises dans la préface de *Cromwell*. L'orchestre « pavé de crânes académiques et classiques », détermina le cri fameux : « A la guillotine, les genoux ! »

Il est de ce grand événement dramatique un autre tableau, beaucoup moins célèbre que celui de Gautier, mais qui forme une assez jolie « soirée théâtrale » de 1830. C'est le récit de la comtesse Dash, cette femme du monde qui fut une spirituelle chroniqueuse. Elle occupait une loge avec des personnes peu disposées à accepter les tendances nouvelles, pour lesquelles elle avait, au contraire, de la sympathie, et elle considérait les romantiques enrégimentés avec quelque surprise, mais sans trouver, comme ceux qui l'accompagnaient, qu'ils eussent « des figures à faire crier les petits enfants ». Si, au parterre, les « séïdes du poète » dont l'œuvre allait se dérouler dans une atmosphère surchauffée, se distinguaient par leurs libres allures, lançant des regards effrénés sur les abonnés de l'orchestre, haussant d'avance les épaules, la salle était extrêmement élégante. Beaucoup de femmes devaient aller au bal après le spectacle « de sorte que les toilettes étaient splendides ». On portait « beaucoup de dorures, des oiseaux de paradis, des turbans, des petits chapeaux à la Van Dyck. Les manches à barres et les robes à draperies étaient dans toute leur gloire ; il y avait des diamants à revendre. »

Les cris, les trépignements, les uns d'enthousiasme, les autres de fureur, accueillirent presque chaque vers. L'exaltation montait de scène en scène, se traduisant par des injures échangées entre adversaires ou par des pugilats. On se jetait des cartes au nez, on s'apostrophait. Le parterre était une mer orageuse, et le bruit assourdissant des *bravos* et des *chut* empêchait souvent d'entendre les acteurs (Pl. 12). Dans les loges, l'émeute pour être moins retentissante, n'en était pas moins véritable. Presque toutes les femmes étaient pour la nouveauté, pour la passion. Leur cœur battait, leur regard s'animait. Elles discutaient vaillamment.

Le premier acte s'était passé « en tempêtes menaçant continuellement sans éclater tout à fait ». Le second (Pl. 10), malgré l'opposition des classiques effarés (Pl. 13), vit se mêler les applaudissements de la salle à ceux du parterre. Les romantiques firent passer de force au troisième acte la scène des portraits, en dépit de la résistance de leurs adversaires. Au quatrième acte, les « philistins » interrompirent constamment le monologue de Charles-Quint, mais durent constater leur déroute. Un de ceux-ci, se rappelant un vers de la deuxième scène du premier acte, s'écria soudain :

> Aurez-vous bientôt fait de conter votre histoire ?

Et un autre d'improviser ironiquement cette suite :

> Les pantins si bavards se mettent dans l'armoire.

Des rires s'élevèrent, couverts par des huées fièvreuses contre ces détracteurs sacrilèges, sur lesquels fondirent, à coups de poing, les plus ardents défenseurs du drame. La défaite des classiques s'acheva au dernier acte (Pl. 11), mais, en désespoir de cause, ils essayèrent d'empêcher la proclamation du nom de l'auteur ; il semblait au milieu des transports délirants des admirateurs d'Hugo et des hurlements de leurs antagonistes qu'on n'y arriverait jamais. Le tumulte persista dans les couloirs.

« Cette parade n'aura pas dix représentations, fit un fervent de la tragédie.

— Parade ! » fit une voix indignée à côté de lui.

Et le chapeau de celui qui avait émis cette téméraire opinion tomba, crevé d'un poing vigoureux.

« Monsieur, s'écria le détracteur d'*Hernani*, vous êtes un drôle et vous me rendrez raison.

— Et comment voulez-vous, répondit l'autre, que je vous rende ce que vous n'avez pas ! »

Il y eut un mot d'une délicieuse philosophie prononcé par un aimable vieillard, répondant à un académicien moins tolérant que lui, qui allait en se lamentant sur la complicité du Théâtre-Français, admettant de tels spectacles.

« C'est inconvenant ! gémissait-il.

— Ma foi, mon cher, dit son interlocuteur, la guillotine aussi était inconvenante, et nous l'avons subie... Depuis ce temps-là, je ne trouve plus que des inconvenances à l'eau de rose. »

Les interprètes ne s'étaient pas déconcertés sous ces tempêtes. Mlle Mars, ne cessant pas un instant d'être dona Sol, improvisait dans les instants où le tapage la forçait à s'interrompre, quelque jeu de scène qui ne la sortait pas de son personnage. On sait qu'elle avait fort douté de la pièce et de son rôle. Il est dit dans *Victor Hugo raconté* que, pendant les entr'actes, le poète la trouva, dans sa loge, « aigre et sèche » et qu'elle ne s'épanouit qu'après l' « enivrement » produit par le dernier acte. Mais elle avait montré sa bravoure sur le théâtre. Firmin (Hernani), Michelot (Charles-Quint), Joanny (Ruy Gomez) avaient vigoureusement tenu tête à l'opposition, vaincue à la fin de la soirée.

Cette victoire, malgré les réserves de ceux qui ne pouvaient en prendre facilement leur parti, fut constatée par tous les journaux (Pl. 14). On a pu sur ce point relever quelques inexactitudes dans les souvenirs d'Hugo faisant écrire que tous les articles, sauf celui du *Journal des Débats*, avaient été hostiles. Certes, la *Gazette de France* se montrait singulièrement offusquée par les audaces du drame, mais elle ne dissimulait pas « les bravos fiévreux, les trépignements frénétiques » de la soirée, et pour le *Constitutionnel*, s'il déclarait « l'ensemble du tableau reprochable de tous points », il ajoutait : « Hâtons-nous de le proclamer, lorsqu'un poète d'une imagination aussi riche que M. Victor Hugo s'abandonne sans frein à toute l'effervescence de ses passions poétiques, il est impossible qu'il ne trouve pas fréquemment de nobles inspirations et des beautés de pensée et d'expression... » Mais les termes dont se servait le critique du *Globe*, Charles Magnin, attestaient un enthousiasme débordant. « Cette grande et poétique composition a tenu au delà des espérances et des craintes de l'amitié et de l'envie. Ebloui de tant de beautés, enivré d'une poésie si vive et si nouvelle... nous ne voulons aujourd'hui qu'annoncer le triomphe de M. Victor Hugo. *Hernani* a obtenu un succès complet, un succès mérité... Grandeur et profondeur de pensée, poésie lyrique admirable, intérêt romanesque, mais vif et pressant, le public a tout senti, tout écouté, tout applaudi... » La pièce ne fut discutée, notamment dans les Revues, qu'un peu plus tard. La première impression communiquée au grand public était celle de l'éclatant succès, en dépit de toutes les protestations.

La lutte devait continuer, plus ardente encore peut-être pendant les représentations suivantes. La phalange romantique, fière de son chef, et inlassablement menée par Théophile Gautier, se dépensait impétueusement dans ces batailles renouvelées. — « Allez, gens de bien, la cause est bonne ! » disait Charlet aux élèves de son atelier, en les envoyant soutenir *Hernani* contre la cabale, et ses « janissaires », ajoutait-il, étaient hommes « à couper les têtes pour avoir les perruques ». C'était, à chaque soirée — il y en eut quarante-cinq — le même vacarme, mais au milieu de la même affluence. Joanny, qui jouait Ruy Gomez, a noté, comme un miracle, le calme relatif et exceptionnel de la vingtième représentation. Mais par la persistance même d'une opposition en quelque sorte désespérée, grandissait la victoire romantique.

VI

LA PÉRIODE ROMANTIQUE

Le Romantisme, dès lors, a conquis le théâtre. Il n'aura son épanouissement que pendant d'assez brèves années. Mais, pendant ces années, ce sera, sur la scène, rajeunie, renouvelée, se prêtant à toutes les audaces, un torrent d'œuvres passionnées.

« La question romantique, écrit Sainte-Beuve à un ami, le 8 mars 1830, est portée par le seul fait d'*Hernani* de cent lieues en avant, et toutes les théories des contradicteurs sont bouleversées. »

Ceux-là qui ont ouvert la voie « et doublé le cap de Bonne-Espérance »
attestent leur forte personnalité par une succession rapide de drames signi-
ficatifs.

La *Christine*, ou *Stockholm, Fontainebleau et Rome* (Pl. 16), d'Alexandre Dumas
(Pl. 15), n'est une œuvre significative que par le défi catégorique porté aux unités,
car l'action se développe sur une période de quarante ans. On sait que la pièce
écrite avant *Henri III*, avait été reçue à la Comédie-Française, que Dumas
avait dû céder son tour, qu'il ne s'entendit pas ensuite avec le théâtre pour
les remaniements demandés et que l'ouvrage fut donné à l'Odéon, le
30 mars 1830. Il eut quelque succès, mais qu'étaient les vers de Dumas après
les somptuosités lyriques d'*Hernani* !

Napoléon Bonaparte ou *Trente ans de l'histoire de France* (Odéon, 10 janvier 1831), n'était, du propre aveu de Dumas, qu'une affaire théâtrale. Mais
trois mois et demi plus tard (3 mai), *Antony* (Pl. 17), pièce retirée du Théâtre-
Français après y avoir été répétée, est, à la Porte-Saint-Martin, le drame en
prose essentiellement romantique. Il porte son époque avec lui. On a dit
d'*Antony* que c'était un homme de théâtre qui avait écrit ce drame, mais que
c'était tout le monde qui l'avait fait — tout le monde de ce temps-là. On
était byronien, fatal, on ne connaissait (littérairement, s'entend) que les
passions forcenées, implacables, désespérées. On était « maudit », on blas-
phémait, on n'était à l'aise que dans l'excessif. Antony le bâtard qui, pour
sauver aux yeux du monde l'honneur d'Adèle Hervey, la tue avec son consen-
tement et ouvre la porte aux magistrats en criant le mot fameux : « Elle me
résistait, je l'ai assassinée » (Pl. 17-18), fit éclater, selon le mot d'un contempo-
rain, des «volcans d'enthousiasme». Antony avait, certes, des façons de prouver
son amour à sa maîtresse qui ne laissent pas que de sembler étranges, aujour-
d'hui, mais c'était le temps où, à la stupeur des gens calmes et demeurés
rassis, on ne faisait fête qu'aux sentiments désordonnés. Dumas, si solidement
équilibré, si heureux de vivre, n'avait-il pas jeté les pires imprécations dans
des vers fiévreux, adressés à une femme qu'il aimait, et ce furent ces vers,
a-t-il raconté, qui lui inspirèrent le sujet d'*Antony*.

> Malheur, malheur à moi que le ciel, en ce monde
> A jeté comme un hôte à ses lois étranger
> A moi qui ne sais pas, dans ma douleur profonde,
>   Souffrir longtemps sans me venger...
> ... Viens donc, ange du mal, dont la voix me convie !

Il faut lire, dans les *Mémoires* d'Alexandre Dumas, le récit si amusant,
d'une verve débordante, du triomphe de la première représentation d'*Antony*,
triomphe pour l'auteur et pour ses interprètes, Mme Dorval et Bocage (Pl. 19) :
« au théâtre, on était stupéfait ; on n'avait jamais vu le succès se produisant
sous une pareille forme... jamais applaudissements n'étaient arrivés si direc-

tement du public aux acteurs — et de quel public ! du public fashionable, du
public dandy, du public des premières loges, du public qui n'applaudit pas
d'habitude, et qui, cette fois, avait crevé ses gants à force d'applaudir. » Et
Dumas se complait à rappeler comment, dans les couloirs, après le baisser
du rideau, il avait été l'objet d'une extraordinaire ovation. « Tout un monde
de jeunes gens de mon âge se rua sur moi. On me tira à droite, à gauche,
on m'embrassa. J'avais un habit vert boutonné du premier au dernier bouton :
on en mit les basques en morceaux. J'entrai dans les coulisses comme lord
Spencer rentra chez lui avec une veste ronde : le reste de mon habit était
passé à l'état de relique. » Puis il défend la moralité d'*Antony*, « scène
d'amour, de jalousie, de colère, en cinq actes », par des arguments assez sin-
guliers, en disant que, après tout, y aurait-il beaucoup de femmes et de jeunes
gens qui accepteraient d'avoir, pour conclusion à leur roman, la femme, la
mort, le jeune homme, les galères ?

Une des grandes raisons d'intérêt d'*Antony*, c'était que l'action en était
contemporaine : « On savait bien, écrit une femme d'esprit en parlant de
cette représentation, qu'*Hernani* ne courait pas les rues ; on ne s'amusait
pas à le chercher dans les salons, mais Antony devait vivre, l'auteur pouvait
l'avoir copié sur nature. La toile levée, nous voyons des costumes qui étaient
les nôtres : cela palpitait, c'était nous ! »

Antony eut près de cent représentations à la Porte-Saint-Martin, puis
trente à l'Odéon. On dira plus loin comment, en 1834, la pièce, au moment
même où elle allait être reprise à la Comédie-Française, fut interdite.

L'activité de Dumas est prodigieuse. Elle se prodiguera bientôt en tous
les genres ; il « mangera à tous les râteliers de la gloire ». Il gardera ses
tendances romantiques sans se préoccuper de questions d'école, s'abandonnant à son puissant souffle dramatique, et ce seront, coup sur coup, *Charles VII
chez ses grands vassaux*, *Richard Darlington*, où sont accumulées toutes les
violences, *Teresa*, *Angèle*, *Catherine Howard*, la *Tour de Nesle*, *Don Juan de
Marana*, *Kean*, mais c'était aux pièces particulièrement caractéristiques dans
l'histoire du romantisme que le cadre de cette esquisse permettait seulement
de s'arrêter.

Victor Hugo faisait palpiter ses drames sur la scène. C'était *Marion de
Lorme* (Pl. 22), le 11 août 1831, à la Porte-Saint-Martin, *Marion de Lorme* dont
la censure de Charles X avait interdit la représentation en 1829, et que jouaient
Mᵐᵉ Dorval (Pl. 20) et Bocage, les acteurs d'*Antony*. La plupart des combattants
d'*Hernani* étaient à leur poste, mais ils n'avaient plus une humeur aussi
belliqueuse : au demeurant, ils n'avaient plus à réprimer que les ricanements
des irréconciliables. « Le public, écrivait Sainte-Beuve à un ami, était nom-
breux et non malveillant. En somme, c'est un succès. » Ce succès s'accentua
le lendemain, succès poétique et succès d'émotion, contrarié par les évène-

ments, comme les émeutes que suscita la nouvelle de la prise de Varsovie.
L'opposition à l'Ecole nouvelle n'avait certes pas désarmé, mais elle ne
trouvait plus les mêmes prétextes pour se déchaîner, et elle était bien forcée
de réfréner ses colères dans les parties du drame qui donnent une note gra-
cieuse, aimable, élégante et dans celles où le pathétique des situations (et
Mᵐᵉ Dorval fut admirable au quatrième et au cinquième acte) désarmait
toutes les objections.

Le 22 novembre 1832, Victor Hugo, revenant à la Comédie-Française,
donnait le *Roi s'amuse* (Pl. 24), qui ne fut joué qu'une fois, le ministre de l'Intérieur, M. d'Argout, ayant fait retirer la pièce de l'affiche, comme « immorale».
La représentation avait été houleuse. Les adversaires du romantisme avaient
pris leur revanche de leur modération relative, le soir de *Marion de Lorme* :
on vit se renouveler l'obstruction tentée contre *Hernani*, mais, bien que Théophile Gautier, Célestin Nanteuil, Devéria, Petrus Borel animassent la
cohorte chevelue de toute leur ardeur, la défense n'eut point la vigueur de la
soirée de février 1830. Les passions politiques du moment atténuaient les
passions littéraires. Les hurlements et les sifflets l'emportèrent au quatrième
acte, dont on ne put rien entendre, et au cinquième, Ligier, qui jouait Triboulet, fut interrompu à chaque vers de son monologue, d'une forme si riche.
« Toute la fin ne fut qu'une mêlée, est-il dit dans *Victor Hugo raconté :* les
applaudissements ne se rendirent pas, mais furent écrasés. »

Victor Hugo cita la Comédie-Française devant le Tribunal de commerce :
le procès était fait, en réalité, au gouvernement, derrière lequel devait se
retrancher le théâtre. L'audience, le 19 décembre 1832, fut une autre représentation théâtrale. « Bien avant l'ouverture de la salle, dit Théodore Muret,
la foule composée des éléments les plus dévoués au poète, formait à la porte
une masse pressée. Des femmes serrées dans cet étau vivant jetaient des cris
de détresse. Au moment où l'on ouvrit, cette foule se précipita dans l'étroite
enceinte... La salle fut immédiatement remplie, plus que remplie... En atten-
dant que les juges prissent séance, c'étaient des clameurs dignes des spectacles
les plus tumultueux : « Le tribunal ! — La musique ! — De l'air !... on étouffe ! »

Victor Hugo prit la parole, acclamé, et défendit avec une magnifique
éloquence la cause de la liberté. Le tribunal, cependant se déclara incom-
pétent.

Le 2 février 1833, c'était, à la Porte-Saint-Martin, *Lucrèce Borgia* (Pl. 23), qui
avait eu d'abord pour titre le *Souper de Ferrare*. Cette fois, avec Mˡˡᵉ George
(Pl. 29) et Frédérick Lemaître comme interprètes, ce fut le succès unanime,
éclatant, le plus grand de la carrière dramatique de Victor Hugo. On sait
quels liens d'une intimité que la mort seule devait rompre se formèrent entre
le poète et la belle comédienne qui jouait le petit rôle de la princesse Negroni.

La même année, au même théâtre, avec Mˡˡᵉ George encore, c'était

Marie Tudor, dont la première représentation fut cahotée. Il y avait déjà des divisions dans les rangs romantiques, et de ces divisions cherchait à profiter le parti académique, dont les rancunes s'étaient amassées.

Le 28 avril 1835, c'était à la Comédie-Française qu'était représenté *Angelo*, réunissant sur l'affiche les noms de Mlle Mars et de la populaire actrice de la Porte-Saint-Martin, Mme Dorval, l'une dans le rôle de La Tisbé, l'autre dans celui de Catarina Bragadini. Les répétitions n'avaient pas été sans heurts entre les deux étoiles. On se rappelle le mot dédaigneux de Mlle Mars sur Mme Dorval : « Quand on répète, auprès de cette femme, on a envie de se gratter. » Le dévouement à l'auteur de Marie Dorval (Pl. 21) lui fit supporter ces avanies patiemment ; au demeurant, les deux actrices furent admirables. Le succès fut tel, sans un coup de sifflet, que les « médaillés de la campagne d'*Hernani*, » selon le mot d'Alphonse Royer, s'en inquiétèrent. Ce succès sans opposition, est-ce un bien ? disait l'un d'eux.

Le 14 novembre 1836, l'Opéra donnait l'opéra tiré par Hugo de *Notre-Dame de Paris* (Pl. 39) pour Mlle Bertin, la fille du directeur du *Journal des Débats*, un ami de longue date du poète. Les adversaires n'avaient pas désarmé : ils crièrent au scandale, et ils firent sombrer l'ouvrage après six représentations intégrales, malgré des éloges accordés à la partition.

Puis ce sera *Ruy Blas* (8 novembre 1838, au théâtre de la Renaissance), dont Frédérick Lemaître fera sa plus brillante création, *Ruy Blas*, dont la forme éclatante rendra vaines les suprêmes manœuvres d'une cabale prête encore à l'attaque (Pl. 25-26). Elle ne tentera que des railleries, notamment au quatrième acte, mais qui n'auront pas d'écho dans le public.

Cinq années se passent. Hugo ne donnera plus au théâtre (7 mars 1843, Comédie-Française), que les *Burgraves* (Pl. 27), où, selon le mot de Gautier, « il reconstruisait un monde de granit habité par des géants d'airain. » Les temps héroïques du romantisme s'éloignaient déjà ; la phalange sacrée d'*Hernani* s'était éparpillée. Mais le poète avait fait tomber toutes les barrières qui comprimaient la liberté de l'art, et, bien qu'une réaction se dessinât et qu'apparût un néo-classicisme, ses audaces avaient affranchi le théâtre. « Les pensées et les sentiments modernes avaient brisé les anciens moules et se répandaient à pleins bords. »

Alfred de Vigny, après *Othello*, avait donné à l'Odéon la *Maréchale d'Ancre*, avec Frédérick Lemaître et Mlle George (25 juin 1831), œuvre nourrie de la couleur d'époque, — mais sans l'étalage auquel se plaisait Dumas, qui venait de découvrir l'histoire de France, — écrite avec cette distinction qui était propre à ce grand esprit sérieux, qui pouvait sembler froide, cependant, par quelques côtés.

Mais c'est avec *Chatterton* qu'il devait avoir son heure de gloire à la scène (Théâtre-Français, 12 février 1835). « La cause, dit Alfred de Vigny dans

l'éloquente préface qu'il a intitulée « Dernière nuit de travail », c'est le mar-
tyre perpétuel et la perpétuelle immolation du poète ; — la cause, c'est le
droit qu'il aurait de vivre ; — la cause, c'est le pain qu'on ne lui donne pas ;
— la cause, c'est la mort qu'il est forcé de se donner. » L'homme habile, qui
peut tout ciseler avec agrément, convenable à tout et convenable en tout, ou
bien le grand écrivain, marchant le pas qu'il veut, combattu, mais avec des
armes courtoises, ne sont pas malheureux. « Mais il est une autre sorte de
nature, plus passionnée, plus pure et plus rare... L'émotion est née avec elle
si profonde et si intime qu'elle l'a plongée, dès l'enfance, dans des extases
involontaires, dans des rêveries interminables, dans des inventions infinies...
Ce qui ne fait qu'effleurer les autres, le blesse jusqu'au sang, les affections
et les tendresses de sa vie sont écrasantes et disproportionnées... Il marche
consumé par des ardeurs secrètes et des langueurs inexplicables... Celui-là,
c'est le poète. Pardonnez-lui et sauvez-le !... Son langage choisi n'est compris
que d'un petit nombre d'hommes, choisi lui-même. Il leur crie : « Ecoutez-
moi, et faites que je vive ! » Mais les uns sont enivrés de leurs propres
œuvres, les autres sont dédaigneux et veulent dans l'enfant la perfection de
l'homme ; la plupart sont distraits et indifférents. Ils répondent : « Nous ne
pouvons rien ! » C'est là le thème même de *Chatterton*, qui apportait, au milieu
du fracas romantique, des éléments nouveaux. On a dit justement que c'était
l'analyse psychologique de *Werther*, de *René*, d'*Adolphe*, appliquée au théâtre
avec des détails vrais de la vie. Le succès fut éclatant, grandissant d'acte
en acte, grandissant par le jeu poétique et pathétique de Mme Dorval,
donnant dans le rôle de Kittey Bell, un aspect inconnu encore d'un talent
qu'on savait surtout véhément. « Je sentais, presque seul, écrivait de Vigny
à Brizeux, au lendemain de ce triomphe, que le public était mûr pour les
développements lyriques et philosophiques. pour l'action toute morale...
Il n'y a rien désormais qu'il ne soit capable d'entendre, car j'ai tendu la
corde jusqu'à faire croire à chaque instant qu'elle était prête à se briser. »
Dans la période qui nous occupe, Alfred de Musset (Pl. 28), dont le théâtre
aura plus tard un accent si personnel en son originalité de vision et d'expression, n'apparaît que comme l'auteur d'une comédie en deux tableaux, la *Nuit
Vénitienne*, jouée à l'Odéon (1er décembre 1830). La liberté de ton de cette
fantaisie ironique sur la durée des serments d'amour finissant par un éclat de
rire, après avoir fait prévoir plusieurs morts violentes, irrita le public qui,
dans le mélodrame, avait si facilement accepté une Venise où le poignard
jouait un rôle capital ; cette petite pièce eut les honneurs d'un tumulte. Le
bruit des sifflets couvrit la voix des acteurs. Un accident particulièrement
fâcheux en ce moment (l'empreinte d'un treillage vert du décor trop fraîche-
ment repeint sur la robe blanche de Mlle Béranger, chargée du personnage de
Laurette), contribua à la chute de l'ouvrage. Alfred de Musset, encore qu'il
n'eût alors que vingt ans, ne prit pas philosophiquement cet échec et se

borna à publier ses compositions dramatiques jusqu'au moment où — dix-sept ans plus tard — les circonstances le firent revenir à la scène. La préoccupation du théâtre était étrangère aux poèmes dialogués du *Spectacle dans un fauteuil*.

Frédéric Soulié avait compté parmi les premiers adeptes du romantisme. Auteur d'un recueil de vers paru en 1824, les *Amours françaises*, il avait été, comme il a déjà été dit dans ces pages, un Shakespearien fervent, encore que son adaptation de *Roméo et Juliette* se fût permise bien des libertés avec le texte. Sa *Christine à Fontainebleau*, dont Alexandre Dumas a conté l'histoire dans ses *Mémoires*, fut un désastre. Il y avait accumulé les violences avec férocité. Il y en avait trop — même pour un romantique. Si dans les drames par lesquels il prit sa revanche — après avoir connu une des plus grandes chutes, il devait avoir, avec la *Closerie des Genêts*, un des plus grands succès de théâtre — il cessa de se donner comme le champion d'une école, il attesta souvent, après *Clotilde*, le dernier de ses ouvrages à tendance marquée, son origine romantique. Dans cette *Clotilde*, représentée au Théâtre-Français en 1832, qui avait Mlle Mars pour interprète, les amours sont « délirantes » et les jalousies furieuses. Le héros est un criminel, et dans la dernière scène, la femme qui l'a aimé, puis haï, reprise par la passion, lui apporte dans sa prison un poison qu'elle partage avec lui.

Emile et Antony Deschamps ont été trop mêlés au mouvement romantique pour que leur nom ne soit pas prononcé ici. Ils furent un peu trop tôt délaissés par ceux-là même sur lesquels s'était exercée leur influence. Shakespearien de la première heure, Emile Deschamps avait traduit *Roméo et Juliette*, dont il fit plus tard une symphonie musicale pour Berlioz, et *Macbeth*, qui ne fut représenté que bien après les anciennes luttes.

On devra entrevoir au moins, ici, la physionomie de Henri de Latouche, qui fut l'introducteur dans la vie littéraire de Jules Sandeau et de George Sand (Pl. 34). Journaliste, érudit, romancier, il avait touché à tous les genres ; il avait publié les Œuvres inédites d'André Chénier. Bien qu'il ne fut plus jeune, il s'était rallié au romantisme par un roman au sujet singulier, *Fragoletta*, histoire d'un hermaphrodite. En novembre 1831, il se jeta dans la bataille théâtrale avec la *Reine d'Espagne*, que les spectateurs de la Comédie-Française trouvèrent si indécente, que la pièce n'eut qu'une représentation. Henri de Latouche ne laissa pas, en imprimant son drame, que de vomir sur ses détracteurs les plus véhémentes imprécations. Mais ce n'avait pas été un romantique d'instinct ; il l'était devenu pour chercher de l'agitation autour de son nom.

Le 25 juin 1831, la Porte-Saint-Martin donnait un drame en vers, dont Bocage jouait le principal rôle, *Faruch-le-Maure*. Ce drame était l'œuvre d'un tout jeune homme, Victor Escousse, néophyte de l'école romantique. C'était une histoire furieusement passionnée.

Don Alphonse, gentilhomme castillan, en poursuivant la fille de Faruch l'Africain, l'a poussée jusque dans un précipice, où elle a trouvé la mort. La vengeance de Faruch sera terrible.

Tôt ou tard, beau seigneur, à l'âme vile, atroce,
Je vous apporterai votre présent de noce.

Don Alphonse est fiancé à la noble Isabelle. Faruch enlève Isabelle et la viole — on violait beaucoup dans le répertoire romantique. — Le mariage se célèbre, mais une tristesse infinie accable la jeune femme. Elle fait l'aveu de l'attentat dont elle a été la victime à un ermite, qui n'est autre que Faruch. Don Alphonse, éperdu de colère, tue Isabelle ; il va tuer aussi Faruch, mais celui-ci se couvre du crucifix et dit : « Je suis prêtre ! »

Le public, bien disposé, accepta ces truculences, et le jeune poète, qui avait d'abord eu la chance de pouvoir aborder la scène d'un grand théâtre, put jouir, du jour au lendemain, de quelque notoriété. Les portes de la Comédie-Française s'ouvrirent pour lui : il y donna un *Pierre III* (28 décembre 1831) qui n'eut que cinq représentations. Il espérait sa revanche d'un drame accueilli par la Gaîté, écrit en collaboration avec son ami Auguste Lebras, *Raymond* : ce fut un insuccès. Les deux jeunes gens, âmes maladives, au lieu de se remettre à l'œuvre, accusèrent la destinée. Leur romantisme n'était pas que dans leur littérature. Ils s'asphyxièrent, ne voyant qu'un dénouement tragique à leur courte existence. On sait les strophes que Béranger consacra au suicide de « ces pauvres enfants ».

Auguste Maquet, le futur collaborateur d'Alexandre Dumas, n'était alors que le romantique Augustus Mackeat. Il avait été un des chefs de « tribus » à la première représentation d'*Hernani*. Un drame en un acte, en vers, *Lara ou l'Expiation*, qu'il avait écrit avec Gérard de Nerval, était reçu à l'Odéon, mais ne fut pas joué. Gérard de Nerval remuait mille projets, traduisait *Faust*, mais ne devait donner son premier grand drame, *Léo Burckart*, où un acte évoque les mystérieuses conspirations de la Sainte-Vehme et les agitations de la « Jeune Allemagne », qu'en 1839.

Félicien Mallefille, qui se devait tempérer dans sa production dramatique ultérieure, était, à ses débuts, nourri du lait romantique, en faisant représenter *Glenarvon* et les *Sept enfants de Lara*, où il ne s'était pas contenté de la trame fournie par le Romancero et y avait ajouté quantité de meurtres.

Mais presque tout le théâtre de drame de cette époque porte l'empreinte romantique. Les premiers de ceux qui s'étaient engagés dans la voie tracée par les maîtres, s'en prenaient à la fatalité : Félix Pyat, dans le *Brigand et le Philosophe*, s'en prend à la société, montre le criminel Oscar qui, à chaque acte, supprime quelques existences de plus, sans compter quelques peccadilles de menues trahisons de ses complices et d'incestes, parvenu au faîte des honneurs.

— 27 —

Joseph Bouchardy lui-même, dans le mélodrame échevelé et d'une telle complication qu'on l'appelait « l'école du brouillamini », se souviendra souvent d'avoir été de la phalange de 1830, barbu, moustachu, secouant une crinière mérovingienne, « des sourcils bleus sur un front d'or » — ne fût-ce qu'à titre d'exterminateur des bourgeois à menton glabre qui n'admiraient pas suffisamment la *Ballade des Burgraves* ou le *Pas d'Armes du roi Jean*. Dans un de ses feuilletons, en 1848, Théophile Gautier, tout en souriant des extraordinaires conceptions de Bouchardy, jettera une invocation, un peu attendrie, à son camarade de jeunesse, à celui que Petrus Borel avait surnommé « Cœur de Salpêtre ».

On nommera encore Hippolyte Romand, Mary Lafont, Hippolyte Lucas, Paul Foucher. Mais après la retraite du théâtre d'Hugo, après l'abandon de Dumas, lancé dans tant de voies diverses, après le silence d'Alfred de Vigny, le véritable mouvement romantique, sur la scène, avait pris fin. « C'est, a dit Alphonse Royer, ancien romantique lui-même, et qui avait porté au théâtre, en 1830, le *Henri V* de Shakespeare, c'est un grand fleuve qui se divise en mille branches pour s'aller perdre dans les sables. » L'armée s'étant dispersée faute de généraux dont elle avait besoin, elle s'était éparpillée. L'enthousiasme aussi s'était éteint. Les jeunes gens d'alors, toujours prêts à batailler, avaient pris de l'âge. Les passions littéraires s'étaient apaisées ou étaient moins désintéressées. Le public, gagné peu à peu, après tant de chaudes soirées, à la cause romantique, ne l'avait pas adoptée à ce point qu'il ne fût accessible à une réaction, et en applaudissant la *Lucrèce* de Ponsard, il prêtait au poète dont l'étoile se levait des intentions combatives qu'il n'avait pas eues tout à fait.

Le théâtre romantique eut des sursauts de réveil, comme en la soirée fameuse de *Tragaldabas*, d'Auguste Vacquerie, soirée qui rappela les tumultes des batailles de 1830, et où Frédérick Lemaître, interrompant son rôle, où il avait été d'une verve étourdissante, harangua le public. Et ceux qui soutenaient la pièce, remplaçant les chevronnés d'*Hernani*, c'étaient Charles et François Hugo, Théodore de Banville, Champfleury, Murger, Edouard Plouvier. Parmi les siffleurs, au dernier acte, se trouvaient, chose inattendue, deux des figurants qui étaient groupés autour de Frédérick.

Comme école, le romantisme avait déjà vécu. Il laissait des œuvres glorieuses, produites en une courte période de temps, dues à la forte personnalité des maîtres qui avaient révolutionné la scène. Il ne laissait pas proprement une esthétique. Les disciples d'Hugo étaient loin de sa puissance poétique, de son prodigieux lyrisme. Il ne restait que les exagérations et les abus d'antithèses.

Certains — et, parmi ceux-ci, Ferdinand Brunetière, avec une sorte d'acharnement — ont contesté la part d'innovations du théâtre romantique. Ils se

sont aussi attachés à démontrer que, trop occupé de la vérité pittoresque, il
a négligé la vérité psychologique. Ils ne peuvent nier, toutefois, que, dans la
magnifique éclosion littéraire de 1830, le théâtre ait apporté des acquisitions
capitales, le sens de l'histoire, le lyrisme, le prix attaché à la forme, la réin-
tégration de l'imagination dans ses droits, l'émancipation de l'art.

VII

LA MUSIQUE

La musique ne pouvait pas rester étrangère au mouvement romantique.
Les musiciens obéissaient à la loi qui réunit tous les arts entre eux. Le
romantisme a fait Berlioz et son impétueux génie. On a rappelé, au début
de cette esquisse, le coup de foudre qu'il reçut aux représentations shakespeariennes de la troupe anglaise de 1827, ce coup de foudre qui, selon son
expression, le laissa pendant quelque temps « dans un abrutissement déses-
péré », après quoi il se décida « à tout oser ». Après Shakespeare, Gœthe le
plonge dans une autre stupeur admirative. « Shakespeare, Gœthe, écrit-il
alors à son ami Ferrand, les muets confidents de ma vie ! » *Faust*, quand
Gérard de Nerval en donna la traduction, le fascina. « Je ne quittais plus le
merveilleux livre ; je le lisais sans cesse, à table, au café, dans les rues,
partout... » Et, dans une autre lettre de 1829 : « J'ai la tête pleine de *Faust*,
et, si la nature m'a doué de quelque imagination, il m'est impossible de
rencontrer un sujet sur lequel mon imagination puisse s'exercer avec plus
d'avantage. »

Théophile Gautier, dans un de ses feuilletons de la *Presse*, en 1839, rappro-
chait Berlioz, réformateur musical, de Victor Hugo, réformateur littéraire,
leur première pensée, à tous deux, ayant été de se soustraire au vieux système classique, avec son « ronron » perpétuel, ses chutes obligées et ses repos
prévus d'avance. L'horreur du contenu, du banal, des concessions au public,
distinguait également le musicien et le poète, « encore pareils pour l'amour
exclusif de l'art, l'énergie morale et la force de volonté. » Le critique, dont
on peut dire, entre parenthèses, qu'il vit juste en musique comme dans les
autres arts, poursuivait ce parallèle : « C'est la même recherche des grands
effets violents, le même penchant à procéder par masse, et à mener plusieurs
pensées de front. »

On pourrait dire aussi : mêmes batailles, livrées par les deux jeunes chefs d'école, avant la consécration qui devait être plus longue à venir pour le compositeur ouvrant une route nouvelle à l'art musical, que pour le poète.

Le romantisme inspire Meyerbeer dans sa première œuvre française, *Robert le Diable* (Pl. 37), dans la valse infernale, l'apparition, le ballet des nonnes, et c'est aussi une décoration romantique qui est donnée à l'Opéra (Pl. 35), représenté le 22 novembre 1831. Le décor du cloître de Ciceri (Pl. 44) est d'un rénovateur dans son art. Meyerbeer, a-t-on raconté, s'effraya de son puissant effet. — « Hélas, dit-il au Dr Véron, vous ne croyez pas au succès de ma musique, vous cherchez un effet de décorations ! » Les décors subissaient aussi l'influence romantique. « Nous sentions, a dit le peintre Séchan, qui fit ses débuts dans l'atelier de Ciceri, que la couleur locale était devenue une nécessité au théâtre et que le temps était passé de ces à-peu près vieillis et démodés qui, seuls, jusqu'alors, étaient chargés de représenter indifféremment les lieux les plus divers. »

Félicien David, qui avait été un Saint-Simonien convaincu, jusqu'à l'exil, doit au romantisme le sentiment de la couleur. C'est Berlioz, lui-même qui, après l'audition du *Désert*, écrivit, louange rare sous sa plume : « David voulut être inventeur : il le fut. »

A grande distance de ces maîtres se présente la figure d'Hippolyte Monpou, qui fut le musicien des poètes romantiques, qui rendit populaires les morceaux composés sur les vers d'Hugo, de Musset et des autres, *Gastibelza*, l'*Andalouse*, et tant d'autres, d'Hippolyte Monpou (Pl. 38), bouillant comme ses amis écrivains, peintres ou sculpteurs de la jeunesse romantique. C'est à Frédéric Soulié qu'il devait demander le livret de son premier opéra-comique les *Deux Reines*, et à Alexandre Dumas et Gérard de Nerval celui de *Paquillo*, où on louait « la richesse et la profusion des motifs ». Monpou avait conquis la popularité. Il mourut, à trente-sept ans, sans avoir pu donner toute sa mesure.

Comment ne pas évoquer les artistes lyriques qui apportaient de leur côté une interprétation passionnée sur la scène de l'Opéra ou sur celle des Italiens (Pl. 36). Comment ne pas rappeler, en nommant la pathétique Malibran (Pl. 40), d'autres vers moins connus que ceux de Musset, les vers de Lamartine qui sont gravés sur son tombeau au cimetière de Laeken :

> Beauté, génie, amour furent son nom de femme.
> Écrit dans son regard, dans son cœur, dans sa voix.
> Sous trois formes au ciel appartenait cette âme.
> Pleurez, terre, et vous, cieux, accueillez-la trois fois !

Ce sont Nourrit, Duprez, Mario, Giulia Grisi, Tamburini, Cornélie Falcou; un peu plus tard, Pauline Garcia (Pl. 41), la sœur de la Malibran, cantatrice de grand style, romantique à ses débuts, dans la Desdemona *d'Othello*. Avec la Taglioni, qui en était la personnification idéale, le romantisme s'introduisait aussi dans le ballet, et, dans *Giselle*, Carlotta Grisi (Pl. 42) menait la ronde fatale des Willis empruntée par Théophile Gautier à Henri Heine. Fanny Essler (Pl. 43), dont l'éducation chorégraphique avait été cependant toute classique, imposait la *cachuba*, émancipait son art par sa danse fougueuse et sensuelle, constrastant avec le vol éthéré de la Taglioni.

VIII

L'OPPOSITION DES CLASSIQUES

Que défendaient, au plus fort de la lutte, les classiques ? Ce n'étaient, en fait, ni Racine, ni Corneille, ni Voltaire. C'étaient leurs propres œuvres, figées dans une tradition constituant un art tragique immobile, fait de lieux communs, et n'usant plus que d'une langue incolore, devenue ridicule par l'horreur du mot propre et le goût de la périphrase. On conçoit l'émoi que, dans leur quiétude, dans leur situation acquise, leur causaient les novateurs. C'était leur dogme même qui était attaqué, un dogme dont ils proclamaient l'infaillibilité, mais ils se sentaient aussi atteints dans leurs intérêts. Qu'adviendrait-il si le public s'avisait de ne plus écouter avec un respect religieux ces productions du genre noble, ces tragédies qui se ressemblaient toutes, contrefaçons pâles et monotones de celles des maîtres? Ils jouissaient si commodément de la gloire qui avait été facilement décernée à ces « disciples de Melpomène ! »

De là leur résistance dès qu'ils virent un péril dans le mouvement romantique, résistance commencée d'abord par des railleries, poursuivie par des injures, continuée par des actes. Comment les classiques, si déterminés à barrer la route aux envahisseurs n'eussent-ils pas eu de l'action sur une grande partie du public, qui ne pouvait renoncer aisément à tout ce qui lui avait été inculqué par son éducation?

On n'a ici à évoquer cette lutte qu'au moment où apparaît le premier vrai drame romantique. Le succès de *Henri III et sa Cour* déchaîna les colères des classiques. C'est bien aux actes qu'ils en étaient venus, en leur pétition, célèbre par son intolérance, par l'explosion de colère et par tout le fiel qui l'inspirait, pour demander à Charles X son intervention, afin que fussent exclus de la scène les drames de la nouvelle Ecole. « C'est incroyable, n'est-ce pas, dit Dumas dans ses Mémoires, qu'il se soit trouvé sept hommes de lettres assez insensés, assez ridicules, pour s'adresser à un roi, en le priant de proscrire un genre, c'est-à-dire une chose invisible, insaisissable, indéfinissable même ! » Les sept classiques, signataires de cette étrange pétition, A.-V. Arnault, N. Lemercier, Viennet, Jouy, Andrieux, O. Leroy, affirmaient que la gloire du règne était intéressée à ce que le Théâtre-Français ne fût pas menacé de dégradation.

S'ils s'en prenaient aux comédiens, tout à coup qualifiés de médiocres, leurs invectives étaient surtout dirigées contre les « préposés » aux destinées du théâtre, qui accueillaient le drame, leur « ignoble rival ». Ils employaient tous les arguments. Non seulement c'était, selon eux, la violation des droits fondés sur les règlements, pour favoriser un genre « qui a moins pour but d'élever l'âme, d'intéresser le cœur, d'occuper l'esprit, que d'éblouir les yeux par des moyens matériels », mais le théâtre courait à sa ruine. Les subventions devaient-elles être employées à asservir le domaine du bon goût « à la Melpomène des boulevards ? » Et c'était l'imploration d'agir vite : « Encore quelques mois, et fermé tout à fait aux ouvrages qui faisaient les délices de la plus polie des Cours, de la nation la plus éclairée », le théâtre fondé par Louis-le-Grand « serait tombé au-dessous des tréteaux les plus abjects ».

On sait que M. de Martignac souffla au vieux roi une réponse spirituelle en disant qu'il ne pouvait rien et « qu'il n'avait que sa place au parterre ».

En même temps, avec non moins de ridicule que les auteurs portant la bannière usée du classicisme, la tragédienne vieillie qu'était Mlle Duchesnois demandait qu'on traduisît devant les tribunaux le surintendant des Beaux-Arts et le commissaire royal près le Théâtre-Français pour fautes contre les règlements !

Les adaptateurs de Shakespeare avaient soulevé le courroux des classiques contre le poète dont ils osaient réfuter l'œuvre sur la scène française. Ce qu'ils montraient, c'étaient « des horreurs dignes des temps de barbarie. » On a cité déjà, dans ces pages, le mot du duc de Broglie : « Attila-Shakespeare ». Les plus modérés des classiques regrettaient le Shakespeare corrigé par Ducis.

Chef de l'école romantique, Victor Hugo déchaîna toutes les animosités, toutes les violences, et aussi toutes les perfidies. L'histoire de ses drames, c'est l'histoire de la bataille soutenue contre l'obstruction classique. Tantôt on affecte le ton de la raillerie : « Ces bizarreries, qui n'ont rien de sérieux au fond, ont même un côté plaisant dont on s'amuserait *si elles étaient présentées avec talent* ». Il est difficile, toutefois, ses ennemis le sentent, de ne pas « prendre au sérieux » un homme qui a déjà une telle célébrité. Alors on dénature par avance son œuvre, comme on le fera pour *Hernani*, on colporte de prétendus passages de l'ouvrage, on essaye de le tuer, avant qu'il se soit produit, par le ridicule. Quand il faut bien constater que *Hernani*, malgré l'acharnement des attaques, fait salle comble, on imagine de louer des places qui restent inoccupées, pour donner l'impression d'un rapide fléchissement des recettes. C'est la guerre par tous les moyens. Etienne Delescluze sera le plus courtois des adversaires en parlant « de la volonté fantasque qui se plaît à garrotter le bien et le beau avec le mal et le laid ».

On connaît peu, sans doute, un récit en vers — en vers classiques — de la première représentation d'*Hernani*. L'auteur de ce morceau était Alexandre de la Ville. Auteur de tragédies, dont un certain *Artaxene*. « Voilà, dit-il, ce qu'est le Théâtre-Français. »

> Il ose s'appuyer, pour forcer les suffrages
> D'un ignoble ramas d'applaudisseurs à gages

« A gages ! les fervents » Jeune-France « de la grande soirée ! »

> Un troupeau d'aboyeurs sorti des cabarets
> Et guidé loin du bruit par des chemins secrets
> Dans l'ombre, sans obstacle, introduit dans la salle
> D'un triomphe payé prépare le scandale.
> A l'orchestre, au parterre, au centre, en peu d'instants
> Sont placés, sont groupés ces hideux combattants.
> De leur sale escadron les banquettes se couvrent
> Et le théâtre est plein lorsque les portes s'ouvrent
> Aussi vous étouffez la voix du vrai public...
> ... Il faut que devant eux l'opinion se taise
> Et la littérature a son quatre-vingt-treize...
>   Etc.

Mais ce n'étaient là que gentillesses. De la part de certains, les invectives allaient jusqu'aux menaces.

Pour ceux qu'effarait la montée du romantisme, ils fulminaient contre « cette école monstrueuse de grossières voluptés et de crimes ». Alexandre Duval, qui avait été directeur de l'Odéon, invitait le Pouvoir à sévir « contre cette secte et ses productions ». Népomucène Lemercier qui, en son temps, avec *Pinto*, avait été un innovateur, ne pardonnait pas à une autre génération de l'avoir dépassé et accablait de sarcasmes les romantiques. Les protestations venaient de tous les côtés. Guilbert de Pixérecourt, le père du mélodrame, avec un dédain qui semble assez comique, aujourd'hui, le prenait de haut en parlant des drames romantiques « pièces mauvaises, dangereuses, immorales, dépourvues d'intérêt et de vérité ». Pixérecourt invoquant la vérité ! Et il ajoutait superbement : « Pourquoi ces pièces ne ressemblent-elles pas aux miennes ? C'est que leurs auteurs n'ont ni mon cœur, ni ma sensibilité, ni ma conscience ! » En 1833, Désiré Nisard publiait son *Manifeste contre la littérature facile,* où le drame romantique était pris à partie, le drame « étalant des amours effrontées où c'est le corps qui parle au corps et non l'âme à l'âme, où l'homme a des appétits d'animal ». Selon lui, Hugo faisait lever les épaules à un public assistant à sa lutte impie contre sa véritable vocation.

Les libéraux en politique ne l'étaient pas en littérature, et leurs journaux se montraient hostiles aux novateurs. Après la reprise d'*Antony* à la Comédie-Française, en 1834, le *Constitutionnel* proclamait « qu'il n'y avait plus de frein à la dépravation de la scène », déclarait l'ouvrage « le plus obscène qui eût paru en ce temps d'obscénité », reprenait plus violemment que jamais ses diatribes contre « la coterie romantique, ennemie jurée de la grande littérature » et sommait M. Thiers, ministre de l'Intérieur, de proscrire la pièce. L'article était d'Antoine Jay, un des signataires de la pétition des classiques. Et M. Thiers céda et suspendit *Antony*. — « Jay, Étienne, Viennet, dit-il à Dumas qui venait lui demander des explications sur cette mesure, disposent d'une centaine de voix à la Chambre... Si *Antony* eût été joué ce soir, le budget ne passait pas ! »

Le Théâtre romantique n'a pas eu les destinées que pouvaient faire prévoir les premières grandes pièces qui le représentaient, mais, par son action, c'en était fait des étroites conventions classiques, sacrées pour « les arrière-neveux abâtardis du classicisme », se pétrifiant dans la seule observation des règles. Les Romantiques, selon la formule synthétique de M. Albert Le Roy, ne furent pas véridiques, mais ils furent vivants.

IX

LES PARODIES

La parodie fut, elle aussi, une arme contre les novateurs. Si quelques-unes de ces parodies ne furent que plaisantes, avec quelque bonhomie, d'autres furent agressives, se piquant de donner des leçons aux novateurs.

Dès le lendemain de *Henri III*, le drame d'Alexandre Dumas était travesti à la Gaîté, au Vaudeville, aux Variétés, notamment, où l'on donnait *Cri-Cri et ses Mitrons*, plaisantant la situation capitale du drame, et la moralité de cette farce était :

> Que chez un jeune amant, lorsque l'on va, le soir,
> On peut tout oublier, excepté son mouchoir.

Alexandre Dumas, qui ne dédaignait pas la puissance de publicité de la parodie, s'était mieux traité en travaillant lui-même, avec de Leuven, son premier collaborateur pour d'innocents vaudevilles, et Rousseau, à la *Cour du roi Pétaud*, où Saint-Mégrin, en cette caricature du personnage, demandait à son portier une mèche de ses cheveux.

Hernani provoqua nombre de parodies, *N, i, ni*, ou le *Danger des Castilles*, *Oh' qu' nenni* ou le *Mirliton fatal*, *Harnali* ou la *Contrainte par cor*. Cette dernière, de Duvert et Lauzanne, faisait d'Hernani un marchand de contremarques. Ruy Gomez de Sylva devenait « Dégommé comme il va » ; dona Sol, « Quasifol » ; Don Carlos, « Charlot », Arnal, Lepeintre jeune, Suzanne Brohan jouaient les rôles de cette folie qui, chose rare pour une parodie, fut reprise quelques années plus tard. Ce n'était qu'une bouffonnerie, mais qui, au dénouement, daignait donner quelques conseils à Victor Hugo, piquants à retrouver aujourd'hui.

> L'auteur est jeune encore : son talent est fertile
> Le temps, le temps viendra pour corriger son style
> Et s'il change de route, avec quelques efforts
>   Sa raison reviendra...

Marion de Lorme provoqua *Marionnette*, où Saverny devenait « Cuirverni », et où les auteurs Duvert et Dupeuty narguaient assez drôlement l'interruption du drame après vingt-quatre représentations : un sac vide traversait la scène, et le vers fameux

> Regardez tous, voici l'homme rouge qui passe

se transformait ainsi :

> Regardez, regardez... la recette qui passe !

Marion de Lorme suscita aussi la *Gothon du Passage Delorme*, de Dumersan, Brunswick et Ceran (ils se mettaient à trois pour ces élucubrations).

Lucrèce Borgia vit éclore *Tigresse Mort-aux-Rats* ou *Poison et Contrepoison*, « médecine en quatre doses », de Henri Dupin, où la joyeuse Mlle Flore remplissait le rôle de la pseudo-Lucrèce, et l'*Ogresse Gorgia* à l'Ambigu. Scribe, dans *Une répétition générale*, au Gymnase, parodia aussi la scène où Gennaro efface le B de Borgia. Gennaro, devenu Girardot, s'attaquait à l'enseigne d'un marchand de bordures. On ne lisait plus que marchand d'ordures. Etait-ce bien spirituel ?

Puis ce fut *Marie Crie-fort*, pour *Marie-Tudor*. L'auteur d'une autre parodie, *Marie Tudor racontée par Mme Pochet*, plus respectueux, prit la peine d'écrire une préface pour attester l'honnêteté de ses intentions : « Si M. Victor Hugo, disait-il, n'était qu'un homme d'esprit, j'eusse certainement regardé à deux fois avant de livrer au public la narration de Mme Pochet, mais cet auteur, que je considère comme au-dessus de la critique, comme au-dessus des louanges, ne saurait prendre en mauvaise part un excès d'hilarité. » Précautions bien exceptionnelles.

Angelo fit naître *Poltronno, tyran on ne sait pas d'où* et *Cornaro, tyran pas doux* des infatigables Duvert et Dupeuty. Là s'étalait la sévérité de ces vaudevillistes, si bien qualifiés. C'était tout le romantisme qu'ils jugeaient, au nom du « bon goût ».

> Et qui donc m'a bâti ces drames actuels
> Où les gens innocents sont toujours criminels
> Où l'absurde renaît, où le bon sens expire !
> Vous retournez Schiller, vous retapez Shakespeare,
> S'ils pouvaient revenir, hélas, des sombres bords
> Ils crieraient : Au voleur ! Vous détroussez les morts !
> Malheureux, et pour mieux déguiser leur dépouille
> Vous mettez hardiment du vernis sur la rouille.
> ... Est-ce donc innover qu'exhumer des momies?
> ..... Le meurtre et l'affreux suicide
> Nous poursuivent partout de leur face livide.
> Phatterton s'empoisonne au lieu de travailler
> Et quelle est la morale, enfin? un escalier
> Escalier, curieux ! Espèce de symbole
> Qui semble nous montrer comment l'art dégringole.

Théophile Gautier a fait cette remarque que toutes les parodies des pièces d'Hugo sont écrites en vers « plus classiques que le récit de Théramène ». Les coups de férule donnés par des auteurs comiques, dont l'autorité était mince dans un grand débat littéraire, évoquent les passions d'alors.

Les frères Cogniard, autres censeurs singulièrement désignés pour parler au nom du grand art, sévissent contre Hugo dans chacune de leurs revues de fin d'année. C'est une tradition, et, comme toutes les traditions, elle se perpétue même quand la lutte entre classiques et romantiques n'est plus que de l'histoire ancienne. Ils ne manquent pas une occasion de dire, à leur façon, son fait au poète qui, évidemment, ne travaille pas dans le même genre qu'eux. Si, dans le *Puff*, Carmouche et Varin, au tableau des théâtres, ne font que se plier aux usages de la revue, avec une parodie bon enfant de *Ruy Blas*, intitulée *Ruy Blag*, où Don Salluste est appelé Don Guguste, les frères Cogniard mettent plus d'âpreté et de prétention. Dans leur critique ils se décernent la mission qu'on n'eût peut-être pas songé à leur confier, de défendre la langue française. Ils n'épargnent pas Hugo, chaque année, mais c'est notamment dans leur *Rothomago* qu'ils lancent contre lui les traits supposés par eux les plus acérés; il y a là un dialogue entre Ruy Blas et Hermione, où celle-ci, au nom de l'art, adresse au héros du drame un sermon bien senti, plus comique, présentement, que ne l'imaginaient les Cogniard.

> Mes auteurs, j'en conviens, sont peut-être bien vieux,
> Mais j'attends, pour changer, que vous parliez comme eux.

Les *Burgraves* inspirèrent les *Hures graves* au Palais-Royal et les *Buses graves* aux Variétés. C'est encore Gautier qui relevait que cette charge des pièces d'Hugo ne donnait pas, même en riant, la moindre impression de sa manière et que ces vers caricaturaux, loin d'évoquer l'idée du style et du rythme romantique, ressemblaient aux vers d'épîtres de Casimir Delavigne.

Dumersan et Fontaine, en 1842, dans *Abd-el-Kader à Paris*, reprenaient le thème des parodies précédentes et se faisaient, contre Hugo, les champions de Racine, dont l'Ombre eût eu sans doute bien des sujets d'étonnement, car c'était à coups de calembours qu'ils s'instituaient ses avocats :

> On ne veut plus Racine et l'on baille aux corneilles
> ... J'ai beau dire au public, devant le péristyle :
> Ce sont là des chefs-d'œuvre ! On répond : péris, style !

Mais est-il rien de plus froid que des plaisanteries vieillies ?

X

LES INTERPRÈTES DU THÉATRE ROMANTIQUE

LES FEMMES

Il devait être dans la destinée de Mlle Mars (Pl. 8) de conquérir ses titres les plus sûrs devant la postérité dans un genre dramatique pour lequel elle n'avait pas de sympathie. « Elle ne regardait, a dit Alexandre Dumas, l'envahissement qui s'opérait que comme une espèce d'invasion de barbares à laquelle elle devait se soumettre en souriant. » Son succès même dans *Henri III* n'avait pas eu raison de ses préventions. Elle discutait avec les auteurs, leur demandait des modifications, s'inquiétait d'une réplique, d'un mot. Il y a un piquant petit tableau, sentant la vérité prise sur le vif, dans le chapitre de *Victor Hugo raconté par un témoin de sa vie*, sur les répétitions d'*Hernani* : l'actrice s'arrêtant soudain, au même passage, avec obstination, protestant contre une expression qui la choquait ou renouvelant un jeu de scène contraire aux indications du poète. Mais c'est encore Dumas qui a dit que, au moment de la représentation, une fois le drapeau sous lequel elle combattait engagé, elle se serait fait tuer plutôt que de reculer d'un pas. C'était, au théâtre, « le plus honnête homme du monde. » La Célimène « aux yeux furtifs et pleins de séduction dont chaque étincelle tombait sur de la poudre, » l'interprète de la grande comédie classique fut ainsi associée aux batailles romantiques. Elle fut la duchesse de Guise, Desdémone, Dona Sol, la Thisbé, revenant d'ailleurs avec souplesse à Étienne et à Casimir Delavigne. On sait l'anecdote expressive des *Choses vues*. Mlle Mars était sur son lit de mort, le médecin s'approche d'elle et lui dit : « Voyons, montrez-moi votre langue, ouvrez la bouche. » — Tenez, regardez, répond la moribonde, toutes mes dents sont bien à moi.

Ce fut Harel, ce directeur légendaire qui, lorsqu'il présidait aux destinées de l'Odéon, orienta Mlle George (Pl. 28-29) vers le drame moderne. La tragédienne, exilée de la Comédie-Française, y était rentrée, mais y avait retrouvé une atmosphère hostile et l'avait quittée de nouveau. Elle avait quelque peu dépassé la quarantaine, étant née en 1787, au moment où elle joua les premières pièces romantiques. Elle fut, plus tard, envahie par une obésité qui la rendit difforme. Elle était alors d'une parfaite beauté, ainsi qu'en témoigne ce portrait fait par Théophile Gautier : « L'arc de ses sourcils, tracé avec une pureté et une finesse incomparable, s'étend sur deux yeux noirs pleins de flamme et d'éclairs tragiques. Le nez, mince et droit, coupé d'une narine oblique et passionnément dilatée, s'unit avec son front par une ligne d'une simplicité magnifique ; la bouche est puissante, arquée à ses coins, superbement dédaigneuse, comme celle de la Némésis vengeresse qui attend l'heure de démuseler son lion aux ongles d'airain. Cette bouche a pourtant de charmants sourires, épanouie avec une grâce tout impériale, et l'on ne dirait pas, quand elle veut esquisser les passions tendres, qu'elle vient de lancer l'imprécation antique ou l'anathème moderne. Le menton, plein de force et de résolution, se relève fermement et termine par un contour majestueux ce profil qui est plutôt d'une déesse que d'une femme. » Elle fut, dans le drame romantique, la Christine d'Alexandre Dumas, la Maréchale d'Ancre d'Alfred de Vigny, la Marguerite de Bourgogne de la *Tour de Nesle*, Lucrèce Borgia, Marie Tudor. « Elle caresse, elle effraye, elle attendrit, disait d'elle Hugo ; elle passe comme elle veut, et sans effort, du pathétique tendre au pathétique terrible... Elle crée dans la création du poète quelque chose qui étonne et qui ravit l'auteur lui-même. »

Après d'éclatants succès, après sa dernière représentation de retraite (car elle en eut plusieurs) où elle joua *Rodogune* devant un public composé de générations nouvelles, qui fut ému par la noblesse de sa diction, elle eut une vieillesse pénible. Elle mourut en 1867, octogénaire. M. Chéramy, qui publia ses fragments de Mémoires, a raconté que, dans une situation pécuniaire difficile, elle avait obtenu la concession des chalets de nécessité à l'Exposition universelle de 1855. Triste compensation pour une reine du théâtre. Où était Marie Tudor !

On ne saurait parler de Mlle George sans esquisser, fût-ce brièvement, la

physionomie d'Harel, qu'elle avait asservi, et qui, si fertile en ressources, lui
manqua tant lorsque cet homme d'esprit eut sombré dans la paralysie générale. De l'Odéon, il passa à la direction de la Porte-Saint-Martin, où il joua
les grands drames romantiques, leur faisant succéder parfois d'étranges spectacles, beaucoup moins littéraires. Que n'avait-il pas été dans sa carrière ?
Pendant l'invasion de 1814, il avait soulevé Soissons contre les Russes ; les
Cent jours avaient fait de lui un préfet. La Restauration, qui l'avait d'abord
exilé, le retrouva journaliste, au *Nain Jaune*, et ne laissa pas que de redouter
sa plume très acérée. Quelques années plus tard, cet ancien bonapartiste
trouvait le moyen d'obtenir le privilège d'un théâtre royal, avec une subven-
tion de cent soixante mille francs. Il était l'homme de tous les expédients :
« Mettez en face de lui Figaro et Mascarille, disait Dumas, il aura bientôt
triomphé de l'un et de l'autre. » Il excellait, aux moments difficiles, qu'il
connut fréquemment, dans l'art de renvoyer les gens impayés... et presque
contents. C'est lui qui, poursuivi par un huissier, le séduisit à ce point, avec
sa persuasive éloquence, que non seulement l'huissier renonça à le tourmenter,
mais se fit son commanditaire pour une somme assez forte. Certaines histoires
sont demeurées célèbres, comme celle de la cassette de fer où on déposait la
recette du théâtre, et dont il donnait solennellement la clef au délégué de ses
créanciers. Mais il en avait une autre, qui lui servait à reprendre l'argent.
C'est Harel encore qui, en grand uniforme de chef de bataillon de la garde
nationale, s'avisa d'aller emprunter cinquante mille francs à Louis-Philippe,
mais le roi, sans paraître étonné de sa requête, lui répondit, non sans esprit,
sur le même ton, en alléguant sa gêne passagère. Au milieu de ces aventures,
ce fantaisiste, dont l'existence était fertile en contrastes, se faisait décerner
un prix d'éloquence par l'Académie. On sait ses brouilles et ses réconciliations
avec Hugo. L'interdiction de *Vautrin*, lui porta un coup fatal et le ruina. Il
intreprit des tournées dramatiques, puis il chercha des ressources de mille
façons. Son imagination n'était jamais à court. On s'use, pourtant, à jouer une
perpétuelle comédie dans la vie. Le sort lui épargna, en le frappant, une trop
longue agonie.

L'actrice essentiellement romantique, ce fut Marie Dorval (Pl. 20). Celle qui
fut Marion Delorme, Ketty Bell, Adèle d'Hervey d'*Antony*, Catarina Bragadini
d'*Angelo*, venait du drame populaire, et son talent ne devait rien à la tradition. « Elle a vécu dans son temps, avec les idées, les passions, les amours,
les erreurs et les défauts de son temps, » disait d'elle Théophile Gautier.
Dramatique et non tragique, elle avait suivi la fortune des novateurs, elle
avait été leur interprète la plus dévouée. Avec ce don de vie qui était en lui,
Alexandre Dumas, dans ses Mémoires, a dessiné le portrait le plus expressif
de Mme Dorval, au moment des répétitions d'*Antony* : c'est la comédienne
dans son intimité, avec tout ce qu'il y avait de spontané en elle, d'enthou-

siasme, de compréhension primesautière d'un rôle : c'était la période heureuse
de sa liaison avec Alfred de Vigny. Elle devait trouver, bientôt, qu'il planait
un peu trop, et il n'était pas de natures plus différentes, en effet, que celle du
hautain poète et celle de cette femme vibrante chez laquelle tout était excessif,
qui avait même eu ses heures de ferveur mystique. L'idéalisme d'Alfred de Vigny
la lassa. Elle ne pouvait être toujours la grande âme qui dominait ses faibles-
ses. On sait quel fut le déchirement de l'auteur de *Chatterton*, quand la rupture
s'imposa ; son génie élargit sa souffrance, fit du drame intime le drame uni-
versel et lui inspira les admirables imprécations de la *Colère de Samson*. La
fin de Mme Dorval fut triste. Elle avait connu bien des ingratitudes, dont
celle du public. Son mari, Merle, qui avait été le critique de la *Quotidienne* et
directeur de théâtre, se reposait sur elle de toutes les charges. Ce fut presque
la misère. Qu'on se rappelle une page, pénétrante d'émotion, de Théodore de
Banville, contant une lamentable représentation de Mme Dorval, dans la
salle glaciale du petit théâtre Saint-Marcel, où elle jouait un de ses grands
succès de jadis, *Marie-Jeanne*. Elle mourut en 1849.

Rachel, qui avait opposé la muse tragique à l'invasion romantique, ne fut
qu'une fois l'interprète d'Hugo, dans le rôle de la Thisbé, à la reprise d'*Angelo*
en 1850. « Dans la tragédie, disait Gautier dans son feuilleton du 28 mai,
elle semble se détacher d'un bas-relief de Phidias pour venir sur l'avant-scène ;
dans le drame, on dirait qu'elle descend d'un cadre du Bronzino ou du Titien. »

Juliette Drouet (Pl. 3o) qui joua le petit rôle de la princesse Negroni dans
Lucrèce Borgia, ne jeta au théâtre d'autre éclat que celui de sa beauté. Dans
Marie Tudor, elle n'interpréta qu'une seule fois le rôle de Jane. Mais une autre
destinée lui était réservée que celle de briller sur la scène. Elle ne précéda
que de peu dans la mort Victor Hugo, et le long attachement du poète et de
l'amie qu'elle fut pour lui est de l'histoire littéraire. C'est encore à Théophile
Gautier qu'il faudrait se reporter pour un portrait à la plume de la Juliette
des temps romantiques, où il célébrait le charme de son délicieux visage, dont
des cheveux noirs abondants faisaient ressortir par la vigueur du contraste,
ce qu'il avait de diaphane.

Voici d'autres noms : Mlle Anaïs, qui créa le rôle de Blanche du *Roi s'amuse*,
et qui avait fait ses premières armes romantiques dans *Amy Robsart* à
l'Odéon. Elle était entrée à la Comédie-Française en 1831. Petite de taille,
mais intelligente et fine, elle fut l'interprète de pièces d'écoles bien différentes.
Casimir Delavigne faisait grand cas d'elle. Sa dernière création avant sa
retraite qu'elle prit relativement de bonne heure, fut la *Louison* de Musset.
Elle se retira assez philosophiquement à Louveciennes, et s'éteignit quelque
trente ans après avoir quitté la scène.

Mme Mélingue, qui venait de l'Ambigu et de la Porte-Saint-Martin, fut,
sur la volonté exprimée par Hugo, la Guanhumara des *Burgraves*, imposante

malgré sa jeunesse sous les cheveux blancs du personnage « statue qui marche et qui regarde avec un regard de vipère. » En 1843, elle était, depuis trois ans, la femme du comédien qui fut longtemps le roi du boulevard. Elle quitta la Comédie-Française en 1852.

Louise Baudoin, la reine de *Ruy Blas*, avait été signalée par Frédérick Lemaître à Victor Hugo qui se loua « de son intelligence rare et exquise » et dit, dans la préface du drame, qu'elle avait eu « la pureté, la dignité, le pathétique. » Elle fut aussi l'interprète de Dumas dans *Kean*, l'*Alchimiste*, et plus tard dans la *Reine Margot* et dans le *Chevalier de Maison Rouge*. Avant d'entrer au Théâtre de la Renaissance que dirigeait à la salle Ventadour Anténor Joly, elle avait joué sous le nom d'Atala Beauchêne, qu'elle reprit dans d'autres théâtres.

Aux drames romantiques furent mêlées des actrices dont le nom est resté pour d'autres raisons : Mlle Denain, future Elmire et Célimène, Suzanne Brohan, soubrette fameuse, qui parurent dans les *Burgraves*; Mme Despréaux, qui, après avoir été le page de *Henri III*, fut celui d'*Hernani*; Eulalie Dupuis, un rôle de travesti du *Roi s'amuse*, fille de Rose Dupuis, dont elle n'eut pas la carrière à la Comédie-Française ; Garrique, une silhouette des *Burgraves* qui quitta Paris pour la province.

Dumas eut pour ses premiers drames, aux côtés d'interprètes plus illustres, Mlle Leverd (Catherine de Médicis de *Henri III*) qui, sociétaire depuis 1811, après des débuts éclatants, longtemps rivale de Mlle Mars, avait pris, jeune encore, l'emploi des mères ; Louise Noblet, qu'il avait éprouvée à l'Odéon dans *Christine* et qui fut la Jeanne de *Richard d'Arlington*, Mlle Noblet dont on disait : « une âme d'ange et une voix de femme » ; Ida Ferrier, dont l'auteur de *Térésa*, de *Catherine Howard*, de *Don Juan de Marana*, de *Caligula*, pièces dans lesquelles elle joua, n'appréciait pas que le talent « en dehors de toutes les conventions théâtrales ». Ida Ferrier partagea l'existence de Dumas, qui l'épousa en 1840. Les liens légitimes ne fortifièrent pas ceux qu'avait établis une liaison de plusieurs années. Mme Alexandre Dumas, qui s'était retirée en Italie, y mourut en 1859.

Ce fut Victor Hugo qui, le 29 janvier 1876, parla sur la tombe de Frédérick Lemaître (Pl. 31). Les dernières années de la vie de Frédérick avaient été douloureuses. Épuisé, malade, pauvre, il avait lutté courageusement presque jusqu'à la fin, paraissant pour la dernière fois sur la scène le 22 janvier, au théâtre qui s'appelait alors Théâtre des Arts et qui est devenu le Théâtre Antoine, dans le *Crime de Faverne*. Il avait joué auparavant, çà et là, des drames médiocres, mais quoique trahi par ses moyens, on sentait encore, par éclairs, se réveiller le vieux lion. Mais où était le « Talma romantique » de

Richard Darlington, de *Kean*, de *Lucrèce Borgia*, de *Ruy Blas !* Une représentation à son bénéfice avait été laborieusement organisée. Il mourut trois jours avant la soirée où cette représentation devait être donnée, au Théâtre-Italien.

« Je salue devant cette tombe, dit Victor Hugo, le plus grand acteur de ce siècle, le plus merveilleux comédien peut-être de tous les temps... Il a été indomptable, pathétique, orageux, charmant. Ce qui émeut le plus les foules, c'est la terreur doublée du rire : Frédérick Lemaître avait ce double don ; c'est pourquoi il a été, parmi tous les artistes de son époque, le comédien suprême... »

On a raconté que, dans *Lucrèce Borgia*, en brandissant son poignard, il faisait peur à M^{ⁱⁱ} George, — qui, d'ailleurs lui avait coupé quelques-uns de ses effets — au point que, usant de l'autorité qu'elle avait dans le théâtre, elle avait fait substituer à ce poignard une arme de fer-blanc ridicule.

« Robert Macaire n'est plus, écrivait Théophile Gautier dans ses feuilletons sur *Ruy Blas* ; de ce tas de haillons s'est élancé, comme un dieu qui sort du tombeau, le vrai Frédérick, mélancolique, passionné, le Frédérick plein de force et de grandeur, qui sait trouver des larmes pour attendrir, des tonnerres pour menacer, qui a la voix, le regard, le geste du plus grand comédien et du plus grand tragédien moderne... »

Jouant le rôle de Ruy Blas avec passion, Frédérick, selon sa propre émotion, variait parfois ses intonations. On assure que, pour le vers célèbre

Je crois que vous venez d'insulter votre reine

il le jetait tantôt avec stupéfaction, tantôt avec emportement, tantôt avec une raillerie terrible, et, quelles que fussent les intentions exprimées, l'apostrophe prenait dans sa bouche une extraordinaire puissance.

Bocage avait connu toutes les épreuves, sur les scènes les plus obscures, avant de pouvoir se produire à Paris (Pl. 19). Le futur Antony, le futur Didier de *Marion Delorme*, le futur Buridan de la *Tour de Nesle*, le futur interprète de George Sand, avait dans le découragement de sa misère, songé au suicide. Ce fut à l'Odéon qu'il connut ses premiers succès. Il était l'homme du drame moderne, tel que le créaient les romantiques. Il avait l'air fatal, qu'il fut de mode de copier, après *Antony* ; il avait la fougue, la passion, le lyrisme. Après un passage à la Comédie-Française, c'est à la Porte-Saint-Martin qu'il donna sa mesure. « Ce qui distingue son talent, disait-on alors de lui, c'est une verve nerveuse et fébrile, une poésie à la fois exaltée et concentrée. » Ce romantique fut pourtant le Brutus de la *Lucrèce* de Ponsard. Bocage fut plus tard directeur de l'Odéon, où il avait débuté, affichant là comme partout ses idées politiques. « Quand Bocage hésite à jouer un rôle, avait dit de lui Harel, je le prends par son faible : je lui promets la République. » Il se souvenait qu'il avait été pauvre et il débattait âprement ses intérêts. Nous possédons un assez curieux dossier, bourré des brouillons de ses lettres d'affaires. Ses propositions de chiffres sont raturées cinq ou six fois, allant en augmentant, et il en est de même pour toutes les conditions de ses représentations, ajoutant à chaque version nouvelle, d'autres exigences. Sa correspondance avec La Rounat, notamment, pour un engagement à l'Odéon, est significative, compliquée et déjà processive, bien qu'il ne s'agisse encore que d'un projet. Quand on est d'accord, il écrit que les conventions n'ont été ratifiées que par une poignée de main, et qu'il aimerait mieux sur papier timbré. Le fatal Antony était devenu très calculateur.

Dumas, Alfred de Vigny, Hugo eurent pour interprète de plusieurs de leurs drames, Ligier ; pour ceux d'Hugo, il fut Triboulet du *Roi s'amuse* et Frédéric des *Burgraves*. Ligier, qui était d'une humeur assez indocile, avait quitté la Comédie-Française bruyamment ; il y rentra après avoir passé à l'Odéon et à la Porte-Saint-Martin. Doué d'une voix magnifique, ayant l'intelligence de ses rôles, énergique dans son jeu, « il possédait, a-t-on dit, le sentiment des plus sombres passions tragiques ». Casimir Delavigne le disputa plusieurs fois aux romantiques. Il quitta la Comédie en 1851, mais reparut sur diverses scènes, se retira à Bordeaux et mourut en 1872.

Les débuts de Firmin, qui devait être Saint-Mégrin, puis Hernani, avaient été encouragés, en 1811, par le critique Geoffroy, qui n'avait pas manqué l'occasion d'une citation latine, *Tutatur favor Euryalum*. Il eût frémi d'horreur s'il avait pu entrevoir, dans l'avenir, le jeune tragédien d'alors servant, quelque vingt ans plus tard, les audaces romantiques. Firmin, a dit Hippolyte Lucas, avait renoncé à la tragédie lorsque le drame moderne vint réveiller en son cœur la fibre pathétique. Alexandre Dumas a rappelé, dans ses Mémoires, que Firmin aida à la réception de *Henri III*, et Hugo a rendu ce témoignage que si l'auteur n'avait plus l'âge d'Hernani, il était toujours « jeune d'ardeur et de verve ». Il avait eu, toutefois, ses moments de doute pendant les répétitions. Après avoir créé un grand nombre de rôles d'écoles littéraires différentes, il quitta la Comédie-Française en 1845 et vécut, dit-on, en misanthrope, dans les environs de Corbeil, jusqu'à sa mort qui, selon les indications recueillies par M. Henry Lyonnet, fut peut-être volontaire.

Michelot, le Henri III de Dumas, le Don Carlos d'*Hernani*, avait joué brillamment les marquis du répertoire. Hugo, remerciant ses interprètes, ne put lui consacrer que quelques compliments banals. Sa diction était embarrassée par la coupe du vers moderne. Il fut, après avoir quitté la Comédie-Française, professeur au Conservatoire. Il mourut en 1856.

L'acteur le plus compréhensif, à la première d'*Hernani*, ce fut Joanny, qui, bien que le plus âgé, avait été gagné d'enthousiasme à la foi romantique. Il avait déjà attesté ses sympathies pour les novateurs en jouant le duc de Guise dans Henri III et l'*Othello* de de Vigny. Dans *Hernani*, il fut, dit Gautier,

« ample et simple, paternel et majestueux, amoureux avec dignité, bon et confiant au commencement de la pièce, implacable et sinistre dans l'acte de la vengeance ». Il fut ensuite le Saint-Vallier du *Roi s'amuse* et le quaker de *Chatterton*. Dans le répertoire classique, il avait repris les rôles de Talma. Sa fin est de 1849.

Lockroy qui avait été de la *Christine* de Dumas, de la *Nuit vénitienne* de Musset, fut le Don Alphonse d'Este, de *Lucrèce Borgia*. Il avait présenté cette particularité rare quand il fut engagé, en 1827, à l'Odéon, d'avoir d'abord abordé ce théâtre comme auteur, avec une tragédie, la *Vestale*. Il passa à la Porte-Saint-Martin, où il tint une place importante. Lettré, homme d'esprit, il était, comme acteur, d'un tempérament indépendant. On lui reprochait d'être plutôt lui-même que le personnage qu'il représentait. Il appartint ensuite quelque temps à la Comédie-Française, puis abandonna la scène, en plein succès, pour écrire de nombreuses pièces. Après avoir été directeur du Vaudeville, il fut, en 1848, commissaire de la République près le Théâtre-Français.

Chilly, qui avait joué un des rôles de *Lucrèce Borgia* et celui du Juif de *Marie Tudor*, qui avait eu, en quittant la Porte-Saint-Martin, une carrière honorable à l'Ambigu, devait mourir le dernier jour de sa rencontre avec Victor Hugo, au banquet donné pour fêter l'éclatante reprise de *Ruy Blas*, à laquelle il avait donné ses soins comme directeur de l'Odéon.

Saint-Firmin fut le Don César de *Ruy Blas*, au théâtre de la Renaissance, qu'inaugurait le drame d'Hugo. Il montra du pittoresque et, selon l'auteur lui-même, « un talent charmant et irrésistiblement gai ». Il devait succomber quelques mois plus tard.

Beauvallet qui, venant de l'Odéon, débuta à la Comédie-Française en 1830, fut Saltabadil du *Roi s'amuse*, et le Job des *Burgraves*. Il avait été peintre, et sa vocation, paraît-il, se révéla un jour que, pénétrant dans l'église de Montmartre, au cours d'une promenade, il emplit les voûtes de l'église, alors déserte, de sa voix puissante. De ses premières études, il avait gardé l'art des costumes pittoresques. Dans la tragédie, il devait être le partenaire de Rachel. Il fut professeur au Conservatoire.

Mauzin, plus oublié, fut le Don Salluste de *Ruy Blas* (Pl. 26). Il était venu de la Comédie-Française à la Renaissance. Il eut ensuite une active carrière à l'Ambigu et à l'Odéon. Hugo le loua, dans don Salluste, pour « deux explosions terribles ». Plus tard, Théophile Gautier lui reprochait d'intercaler dans les vers des « Oh » et des « ah » faussant la mesure. Emile Augier l'eut comme interprète de la *Ciguë*.

Dans les *Burgraves*, Guyon jouait Magnus. Après des succès dans le mélodrame, à l'Ambigu, il était entré à la Comédie-Française en 1838, où il avait paru, sans être engagé, dix ans plus tôt. Guyon avait une superbe prestance et une voix magnifique, avantages auxquels, dit-on, il se fiait trop. Pendant qu'il était au Conservatoire, il était encore, pour vivre, maître d'études dans une institution de la rue de la Pépinière, où il devait avoir Alphonse Karr comme successeur. Félicien Mallefille a raconté la période difficile où on lui accordait plus d'éloges qu'on ne lui offrait d'engagements. Quand, enfin, il parut sur la scène, ce fut une révélation. « La belle taille, le beau visage ! Quelle mélancolie pensive sur son front, quelle flamme dans ses grands yeux noirs ! De la tendresse ? Très bien ! Mais quelle fougue, quelle colère, quelle puissance ! » Le sort devait faire expier à Guyon la situation qu'il avait conquise. Il fut frappé de folie et mourut en 1850.

Geffroy avait été Chatterton, et Alfred de Vigny disait de lui que, avec une haute intelligence, il avait accepté le fardeau d'un rôle regardé comme pesant par d'autres acteurs et qui, à lui seul, est la pièce entière. Hugo écrivait, après les *Burgraves*, qu'il avait imprimé au personnage d'Otbert « la physionomie fatale que les poètes comme Shakespeare savent rêver ». Il devait à son talent de peintre une science accomplie des costumes. Mais on sait quelle fut la carrière de ce grand artiste qui, retiré du théâtre, vint jouer, à soixante-huit ans, à l'Odéon, le Don Salluste de *Ruy Blas* et parut « l'idéal même du rôle. »

Rouvière, acteur étrange, qui eut des lueurs de génie, arriva au théâtre un peu trop tard pour prendre part aux premières luttes qu'il eût, avec sa nature impétueuse, servies avec ardeur. Il joua, à l'Odéon, des pièces shakespeariennes, qui le désignèrent à Alexandre Dumas et Paul Meurice pour créer au Théâtre historique ce grand rôle d'Hamlet qui marqua l'apogée de sa carrière mouvementée. Loué jusqu'à l'excès par les derniers romantiques, il faisait peur aux auteurs et aux directeurs, qui ne l'utilisaient point. Il eut d'éclatants succès sans profiter de leurs lendemains, et, malgré les applaudissements, on lui laissait de longs loisirs. Rouvière fut de ces artistes à qui ne peuvent convenir que quelques rôles, faits pour leur tempérament. Il passa en jetant des éclairs dans le *Médecin de son honneur*, *Hamlet*, la *Reine Margot*, mais, le reste du temps, c'était la nuit, et, repoussé des grandes scènes, il allait héroïquement aux petites. Le sort le contraignit à une vie nomade : ivre de poésie et de beauté, il connut des déceptions et des amertumes qui abrégèrent son existence, car cette âme si frémissante était d'une extraordinaire sensibilité. Il y a sur lui de magnifiques articles, mais il mourut en 1865 pauvre et abandonné.

S'il n'avait pas été donné à Laferrière (sauf pour *Térésa*) d'être un créateur des premiers drames romantiques, il les reprit, et il fut ensuite un des interprètes préférés de Dumas dans sa seconde manière (Pl. 32). Il en fut de même pour Mélingue, roi du drame populaire, cher à ceux qui, comme Paul Meurice, reflétaient le grand mouvement de 1830, adoré des foules. Et ce fut en cam-

pant merveilleusement son Don César, dans la reprise fameuse de Ruy Blas
« faisant éclater d'étincelantes folies sur le fond sombre du drame comme des
chandelles romaines sur un ciel noir », qu'il termina sa prestigieuse carrière.
A cette reprise, Lafontaine jouait Ruy Blas avec des élans, des emportements,
des cris de passion qui dominaient ses inégalités.

Après ceux qui avaient été mêlés à une révolution littéraire, qu'ils y eussent
été poussés ou qu'ils se fussent impétueusement jetés dans la bataille, d'autres
générations de comédiens étaient venues. Les Taillade, les Paul Deshayes,
les Dumaine, ou, aux sommets de l'art, les Mounet-Sully devaient entretenir
la flamme romantique, et, chez des artistes d'aujourd'hui, on la voit, d'aventure, se rallumer encore.

Paul GINISTY.

TABLE DES ILLUSTRATIONS

22. — La Litière de Richelieu (Marion de Lorme). — Gouache par Louis Boulanger (Collection du Musée Victor Hugo).

23. — Lucrèce Borgia. — Dessin à la plume par Louis Boulanger (Collection du Musée Victor Hugo).

24. — Maquette du dernier acte du Roi s'amuse. — Dessin attribué à Victor Hugo (Collection de la Comédie-Française).

25. — Costume pour Ruy Blas. — Aquarelle par Louis Boulanger (Collection de Mme Ozenne).

26. — Costume pour don Salluste. — Aquarelle de Louis Boulanger (Collection de Mme Ozenne).

27. — Les Burgraves (3e partie), Job et Guanhumara. — Lithographie de Fragonard (Collection du Musée Victor Hugo).

28. — Mlle George, dans la Guerre des Servantes. — Aquarelle de Gavarni (Collection de M. Pierre Gavarni).

29. — Mlle George, dans Lucrèce Borgia. — Aquarelle par Gavarni (Collection du Musée Victor Hugo).

30. — Portrait de Juliette Drouet. — Peinture par Champmartin (Collection du Musée Victor Hugo).

31. — Frédérick Lemaître dans Robert Macaire. — D'après une photographie (Collection de Mme Ozenne).

32. — Laferrière. — Aquarelle par Isabey (Collection de M. Hartmann).

33. — Musset en page. — Dessin par A. Devéria (Collection de Mme Lardin de Musset).

34. — George Sand. — Peinture attribuée à Poterlet (Collection de Mme la Marquise de Ganay).

35. — Le Foyer de l'Opéra. — Aquarelle par Eugène Lami, 1841 (Collection de M. Maurice Lecomte).

36. — Une Loge aux Italiens. — Peinture (Collection de M. François Boucher).

37. — Frontispice de la partition de Robert le Diable.

38. — Les deux Archers. — Composition de Célestin Nanteuil (Collection du Musée Victor Hugo).

39. — Esmeralda. — Lithographie en couleurs par Maurin (Collection du Musée Victor Hugo).

40. — La Malibran. — Sépia par Delacroix (Collection de M. Jean-Louis Vaudoyer).

41. — Pauline Garcia. — Dessin d'Alfred de Musset (Collection de M. Maurice Lecomte).

42. — Carlotta Grisi. — Pastel par Théophile Gautier (Collection de M. Troplong).

43. — Fanny Essler. — Miniature par Mme de Mirbel (Collection du Musée de l'Opéra).

44. — Le décorateur Ciceri. — Peinture par Hapeaun (Collection de M. Clément Janin).

45. — Jules Janin. — Peinture par Champmartin (Collection de M. Clément Janin).

46. — Le Songe d'une Nuit d'été. — Dessin de Théophile Gautier (Collection de Mme Marthe Clémenceau).

TABLE DES MATIÈRES

1780

www.ingramcontent.com/pod-product-compliance
Lightning Source LLC
LaVergne TN
LVHW012310170726
843503LV00002B/657